KB118509

내러티브 메디슨

병원에서의 스토리텔링

Colin Robertson · Gareth Clegg 편저 | 김민화 · 이경란 · 김경옥 공역

STORYTELLING IN MEDICINE
How narrative can improve practice

학지사

▼

역자 서문

　현대 의학은 놀랄 정도로 발전하고 있다. 인공지능이 장착된 첨단장비를 갖춘 의료의 발전은 출생에서부터 사망에 이르기까지 우리가 삶을 사는 시간과 공간의 맥락을 바꾸어 놓았다. 하나의 생명이 만들어지는 순간이 의료기관에서 이루어져 인공수정을 통해 출생을 통제하고 우수한 유전자를 선택할 수 있는 기술도 발전되고 있다. 전염병을 비롯한 중증의 질병을 치료하는 기간이 짧아졌으며 어떻게 치료를 받을 것인가를 선택하는 것도 가능해졌다. 게다가 우리는 지속적으로 젊음을 유지하며 더 오래 산다.

　그러나 의학의 발전이 우리에게 준 혜택이 늘어났음에도 불구하고 의료 현장에서 모든 사람이 만족하는 것은 아니다. 흥미로운 것은 불만의 대부분이 의료행위 자체가 아닌 소통의 실패와 불신에서 비롯된다는 사실이다. 이 책은 이러한 문제를 해결할 수 있는 하나의 방법으로 내러티브적 접근을 제안한다.

　내러티브는 화자와 청자가 가지고 있는 가치관과 권력지위, 듣기와 말하기의 태도, 이야기되는 내용에 관한 포스트모던 철학에 기반을 두고 있다.

내러티브적 접근은 한 사람의 이야기가 그의 삶 자체를 나타내는 것이기 때문에 이야기의 변화가 한 사람의 정체성을 변화시킨다고 믿는다. 즉, 그가 누구이며 어떤 가치와 신념을 가지고 있는지, 또 어떻게 살아가고 있는 사람인지를 알 수 있는 이야기의 의미가 변화될 수 있는 것이다. 따라서 내러티브적 접근은 우리의 이야기를 이루고 있는 요소에 대한 새로운 조망과 의미를 구축하고 이에 따라 변화된 정체성으로 사는 삶의 실천을 강조한다. 이러한 내러티브적 접근은 사회학, 인문학, 상담학 등에 접목되어 다양한 주제로 연구되어 왔으며 사회 곳곳에서 새로운 실천을 가능하게 하였다. 의학 분야에서도 내러티브적 접근을 받아들여 '내러티브 메디슨(Narrative Medicine)'이 탄생하였다.

내러티브 메디슨은 현대 의학이 질병을 가진 사람을 치료하는 것이 아니라 증상에 기초한 질병 치료를 강조해 왔다고 비판한다. 따라서 내러티브적 접근은 치료의 의미를 달리 바라본다. 동일한 진단을 받은 환자라도 그의 사회적인 배경, 교육 과정, 가족 관계, 심리 상태 등 개인적인 요소에 의해 다른 임상 증상을 보이기도 하고 치료의 선택이 달라지기도 한다. 내러티브적 접근은 객관적인 증상만을 다루는 것이 아니라 환자가 처한 맥락을 고려하여 환자가 겪고 있는 개인적 고통에 초점을 두게 한다.

현재 대한민국의 의료 현실은 의사가 한 명의 환자와 필요한 만큼 충분한 시간 동안 대면하는 것을 허락하지 않는다. 특히 종합병원에서는 제한된 시간 안에 만나야 하는 많은 환자가 기다리고 있다. 의사가 자신의 말을 끝까지 들어주지 않는다고 불평하는 환자도 있다. 이는 의사 개인 혹은 환자 개인의 문제라기보다 사회적 구조에 기인한 부분이 크지만, 그럼에도 불구하고 내러티브적 접근은 의사가 환자의 이야기에 더 잘 귀를 기울이고, 환자 개개인의 상황을 더 잘 이해하고, 소통을 통해서 환자와 더 잘 공감할 수 있는 다양한 방법을 제안한다. 내러티브적 접근은 또한 환자가 자신의 질병을 자신의 삶의 일부로 인정하고 받아들이는 과정을 통해 자신의 삶과 정체성에 대한 새로운 인식을 가질 수 있도록 도울 수 있다. 더 나아가 이야기를 통한 소통 기술은 의료진 간의 협력을 증진시키고 병원 종사자와 환자 보호자를 포함한 우리 모두를 위한 연결 고리를 만들어 준다. 의사와 환자, 질병, 병원에 대한 내러티브적 접근은 의료개선을 위한 실천을 가능하게 한다.

'내러티브 메디슨'에 관한 책 중에는 이야기 소통 기술을 훈련하기 위해 문학 작품의 감상과 글쓰기 등의 훈련을 강조하고 그 방법론을 다루는 것이 있다. 그와 달리, 이 책은 의료 현장에서 듣고 보게 되는 이야기가 얼마나 다양하며 그러한 소소한 이야기가 얼마나 중요한가를 생각하게 한다. 진료실이나 응급실에서 듣게 되는 이야기, 환자의 이야기와 의사의 이야기, 교수의 이야기와 학생의 이야기, 병원 건물의 이야기, 어른과 아이의 이야기에서부터 노인의 이야기 그리고 죽음에 대한 이야기까지 우리가 들을 수 있는 이야기는 수없이 많다.

이 책의 저자들은 각기 다른 의료 현장에서 일하는 의사에서부터 교육자, 예술가에 이르기까지 다양하다. 그래서 각 저자들이 경험한 혹은 모은 이야기는 나름의 방식으로 펼쳐진다. 동시에 이 저자들은 한때 환자였던 경험을 공유하고 있다. 의사이면서 환자였던 여러 저자의 이야기는 그래서 서로 만나기 어려운 '환자의 이야기'와 '의사의 이야기'가 만남으로써만 가능한 깊은 통찰을 담고 있다. 교육자, 상담사, 문학연구자, 의사 등 서로 다른 이력을 가진 역자들이 함께 이 한 권의 책을 번역하고자 시도했던 것도 바로 이러한 저자들의 다양한 속성 때문이었다. 각 역자의 차이와 공통점이 앞으로 의료 분야의 내러티브 연구와 실천에 시너지 효과를 낼 수 있으리라 믿는다.

우리는 이 책의 번역 출간을 매우 기쁘게 생각한다. 이 책으로 의과 대학생, 의사, 간호사, 보건 의료인 그리고 그 외에 환자를 접하는 모든 사람이 이야기의 중요성을 알게 되리라 기대하기 때문이다. 이 책이 단지 의사와 환자 사이의 소통을 촉진하는 것에 그치지 않고 궁극적으로 환자와 보건의료 종사자 모두의 안녕에 도움이 될 수 있을 것이라 믿기 때문이다.

끝으로, 의사, 인문학자, 교육자가 병원 이야기, 의사 이야기, 환자 이야기를 공동 번역하는 새로운 시도를 흔쾌히 허락해 주신 학지사의 김진환 사장님과 친절하고 명쾌한 편집자 박선민 선생님께 감사드린다. 또한 함께 원고를 꼼꼼히 읽으며 조언을 주신 동국대학교병원의 이윤석 교수님께 진심으로 감사드린다.

2019년 2월
김민화, 이경란, 김경옥

▼

서문

이야기는 세상에서 가장 중요한 것이다. 이야기가 없다면 우리는 인간이 아닐 것이다.

필립 풀먼(Philip Pullman)

진짜 문제는 정확한 언어가 아니다.

문제는 선명한 언어이다.

리처드 페인먼(Richard Feynman)

　우리는 변화의 강물에서 헤엄치고 있다. 그래서 우리는 강물의 속도를 잊고 있다. 아서 클라크(Arthur C. Clarke)의 말을 빌리면, 의료의 발달 속도가 너무 빨라서 현재 시행되고 있는 의료가 겨우 백 년 전의 우리 선배 의사에게 마법으로 보일 정도이다. 그러나 우리는 겸손해야 한다. 비록 자주 잊거나 중요하게 부각되지는 않지만, 인간의 건강과 안녕에 가장 크게 기여한 것은 깨끗한 물과 위생 시설, 안전한 집, 효과적인 산아 제한 방법, 취업 같은 공중 보건에 관련된 조치이다. 이에 더해서, 예방접종과 항생제 및 항바이러스 약제가 전염병이 가져오는 많은 재앙을 제거하거나 극적으로 감소시켰다. 실제로 학생이나 젊은 의사 가운데 그들의 부모 세대가 경험했던 홍역, 백일해, 볼거리(유행성 이하선염) 같은 흔한 소아 질병을 본 사람은 거의 없을 것이다. CT나 MR 같은 영상화 기술은 진단과 치료를 획기적으로 변모시켰고, 인간의 생리를 이해하는 독특한 통찰을 제공했다. 마취, 중환자 치료, 혁신적인 외과 기술 및 장기 이식은 이전에는 과학소설의 영역으로 여겨졌던 치료 가능성을 열었다. 오랫동안 기다려 왔던 유전자 진단 및 치료의 잠재적 이익이 현실이 되고 있으며, 대조군 시험 및 증거 기반 평가가 현재 의료 서비스의 표준 구성 요소이다.

이러한 놀라운 발전을 고려하면, 의료에 대한 만족도는 높으리라 예상할 수 있다. 우리는 더 오래 산다. 부유한 나라의 영아 사망률은 낮다. 대부분의 경우 사망은 심혈관 질환, 뇌혈관 질환, 암 및 치매와 같은 노년기 질병의 결과이다. 그렇다면 환자와 의사의 불만은 어디에서 오는 것일까? 환자의 경험에 대한 모든 설문 조사에서 가장 높은 순위를 차지하는 것은 소통의 실패이다.

- "의사 선생님이 나를 보지 않고 컴퓨터 스크린만 보았어요."
- "나는 말을 듣기만 하고, 같이 대화를 나누지는 못했어요."
- "여러 질문을 하면서 예 혹은 아니요로 대답하기를 원하더군요."
- "아무도 나의 이야기를 들어주지 않았어요."

임상의는 일반적으로 시간의 압력과 달성해야 할 목표 때문에 이런 문제가 해결되기 어렵다고 말한다. 이러한 변명은 근거가 약하고 주의를 다른 곳으로 돌리기 위한 정당화에 불과하다. 어떤 전문의는 자신들이 담당하고 있는 장기나 질병에만 집중해서 환자와 환자의 문제를 맥락화해야 할 필요성을 보지 못한다. 걱정스러운 것은 그런 상황이 저명한 의학 잡지의 최근호에서 언급되고 있다는 사실이다. "……의사가 치료를 계획할 때 환자의 필요와 상황 (즉, 맥락)을 고려하면, 개별화된 건강 관리의 결과가 향상된다."(Weiner et al., 2013) 과연! 그들은 의대에서 몇 년 동안 무엇을 배운 것일까?

이러한 배경을 고려하면, '보완요법' 치료사가 환자에게 인기 있고 효과적 이라는 것은 놀랄 일이 아니다. 동종요법, 아로마테라피, 최면, 침술, 기치료 와 마사지가 번창하고 있다. 무작위 임상 시험과 증거 기반 접근법을 통해 교 육받은 '전통적' 임상의는 이런 방법을 과소평가하고, 그것이 가진 잠재적 위 험을 부각시킨다. 하지만 많은 환자는 생명을 위협하는 상황에서도 여기서 도움을 받는다고 말한다. 특정 유형의 암의 경우, 그러한 치료법을 사용하는 환자의 수가 최대 50%에 이른다. 왜 그럴까? 이러한 치료의 공통점은, 각각의 치료가 가지고 있는 성격과는 무관하게, 치료자가 듣는다는 사실이다. 그들 은 시간을 할애한다. 그들은 공감한다. 비록 낫게 하지는 못해도 그들은 환자 가 자신의 이야기를 하게 하고, 그렇게 함으로써 환자가 자신의 정체성과 개 인성에 대한 인식을 회복하게 돕는다.

이 책은 현재의 의학 교육과 진료에서 망각되었거나 상실된 몇몇 부분을 바로잡아 보려는 시도이다. 지난 세기의 진보는 참으로 놀라운 것이지만, 그 과정에서 우리 직업의 핵심이 문자 그대로도 그리고 은유적으로도 상실되어 온 듯하다. 우리는 이야기하고 듣는 기술이 현대 의료에서 핵심이라고 믿는 다. 그러한 기술은 우리의 환자, 그들의 친지, 우리의 동료 그리고 학생과의 연결 고리를 재수립하는 데 도움을 주고, 우리가 제공하려는 치료를 향상시 키고 서로를 더 잘 이해하게 할 수 있다.

그래서 이 책은 21세기의 의료에 이 테크닉을 어떻게 재도입할 수 있는 지에 대해 몇 가지 제안을 하고자 한다. 이야기 속에는 분노를 불러일으키 거나, 당신을 울고 웃게 하거나, 사람이 처한 상황에 대해 생각해 보고 놀라 워하게 할 이야기도 있고 이루어야 할 임무도 있다. 사랑과 상실, 삶과 죽음, 사람과 장소에 대한 이야기도 있다. 기고가의 배경은 다양해서, 1차, 2차, 3차 진료 의사도 있고, 배우와 예술가, 교육자도 있다. 가장 중요한 것은 이들 모두가 환자이거나 환자였다는 사실이다. 맨 앞에서 맨 뒤까지 순서대로 읽기보다는 각 장을 전체 그림의 독립된 측면으로 보기를 권한다. 각 장의 스토리텔러(이야기꾼)는 자신의 목소리, 자신의 성격과 속도, 그리고 자신의 서사를 이야기에 부여하고 있다.

• 참고문헌 •

Weiner SJ, Schwartz A, Sharma G et al. Patient-centered decision making and health care outcomes. *Ann Intern Med.* 2013; 158: 573-9.

차례

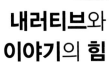

1

내러티브와 이야기의 힘

콜린 로버트슨Colin Robertson
가레스 클레그Gareth Clegg

> 이야기—그 안에는 살아가고 있는, 아직 태어나지 않은
> 그리고 죽은 모든 사람이 참여한다—없이는 사람은 '차가운 바람에
> 날려갈 종잇조각들'에 불과하다…….
> 조지 맥케이 브라운(George Mackay Brown)

> 내러티브는 호흡과 혈액의 순환만큼이나 인간 본성의 일부이다.
> AS 바이어트(AS Byatt)

이야기는 우리가 숨 쉬는 공기만큼 인간의 삶에 필수적이다. 음식과 마시는 물만큼이나 우리의 발전에 필요하고, 어느 감각만큼이나 우리가 기능하는 데 꼭 필요하다. 우리 각각은 우리 자신의 독특한 삶의 이야기의 저자이며 동시에 화자이다. 아주 어린 시절부터 이야기하기는 우리의 삶의 근본이며 중심이다. 어머니들은 아이들에게 말하고 노래한다. 아이들이 태어나기 전에도 그러하다. 어머니들은 아이들에게 이야기를 말해 주고 노래를 불러 준다. 이러한 초기의 '아이를 어르는' 노래들(자장가, 동요)은 단순하고 소박할지 모르나 우리가 아이로서 그리고 어른으로서 개념을 형성하고 처리하는 방식에 매우 중요하다. 그것들은 우리가 살아가는 세계를 처음 이해하려 할 때 도움을 주고, 우리의 희망과 두려움을 주조한다.

아이가 언어를 능숙하게 사용할 수 있게 되면, 소통의 속도는 극적으로 증가한다. 말하는 사람과 듣는 사람 사이에 진정한 상호작용이 가능해진다. 이러한 상호작용이 무의식적으로, 반사적으로 노력 없이 수행되면, 이제 우리는 본능적으로 우리 주변의 사건에 내러티브 패턴을 부과한다. 그 패턴들은 우리의 삶에 맥락과 조직 그리고 의미를 제공한다. 관념, 개념, 대상들 그리고 그것들 사이의 관계로 이루어진 확장하는 세계가 이야기를 통해 우리에게 이해 가능하게 된다.

우리의 마음이 이 이야기들을 처리하는 방식은 단순치 않다. 우리의 뇌는 결합할 수 있는 적절한 재료를 가지면 '진짜' 이야기를 생산할 수 있지만, 그렇지 않을 때는 '거짓말'을 만들어 내는 능력을 가지고 있는 듯하다. 모든 정보에, 심지어는 무작위적인 자료에도, 의미와 구조를 부과하려는 강박적 충동이 있다. 이러한 강박이 화성 표면의 그림자에서 인간의 얼굴을 보고, 한 조각의 토스트 위에서 예수를 보게 한다. 이는 독일의 신경학자 클라우스 콘라트(Klaus Conrad)가 아포페니아(apophenia)라고 말했던 현상, 즉 무작위적이고 의미 없는 자료에서 패턴과 연계를 찾는 현상을 보여 주는 사례들이다. 의미 있는 패턴에 대한 우리의 갈증은 감각 자료의 해석에 국한되지 않고 이야기에 대한 진정한 갈망이 된다(〈글상자 1-1〉 참조).

글상자 1-1 짧은 영상

먼저, www.youtub.com/watch?v=VTNmLt7QX8E에서 짧은 애니메이션을 보고 당신이 본 것을 종이에 적어 본다.

영화 제작자인 프리츠 하이더(Fritz Heider)와 메리앤 짐멜(Marianne Simmel)이 영화를 본 사람들에게 그들이 본 것을 묘사하라고 했을 때, 대부분의 사람은 사랑에 빠진 원과 작은 삼각형에 대해, 원을 훔쳐가려는 큰 삼각형에 대해, 맞서 싸우는 작은 삼각형에 대해, 그리고 집으로 피하라고 연인에게 외치고는 그녀를 따라 안으로 들어가서 서로 껴안고 영원히 행복하게 살았다는 이야기들을 했다.

내러티브를 통해 의미를 강제함으로써 불확실성, 무작위성, 우연성을 해결하려는 본능적인 필요는 역행의 방식으로도 작동한다. 쿨레쇼프 효과(Kuleshov effect)는 뇌가 어떻게 '배경 이야기(back-story)'를 그런 것이 없을 때에도 부과하려고 작동하는지를 보여 준다. 1900년대 초에 소비에트 영화 제작자 레프 쿨레쇼프(Lev Kuleshov)는 아무 표정이 없는 배우가 각각 다른 이미지(스프 접시, 관 안의 소녀, 긴 의자 위의 여성)와 교차되는 짧은 영상들을 만들었다. 이 영상들을 본 사람들은 배우의 얼굴 표정이 매번 나타날 때마다 달랐다고 보고했다. 즉, 그가 스프를 '보고' 있는지, 관 안의 소녀를 '보고' 있는지, 긴 의자에 앉아 있는 여성을 '보고' 있는지에 따라 각각 배고픔, 슬픔, 욕망의 표정을 보여 주었다고 말했다. 그런데 배우의 장면은 실제로는 똑같은 사진이었다. 보는 사람들이 그들 자신의 배경 이야기를 만들어 내고 있던 것이다.

EM 포스터(EM Foster)는 『소설의 양상(Aspects of the Novel)』에서 인간의 삶에는 오직 몇 가지 사실만 있다고 말한다. 태어남, 음식, 잠, 사랑 그리고 죽음이다. 대부분의 강력한 이야기들이 이 주제들, 특히 뒤의 두 개의 주제를 다루는 것은 놀라운 일이 아니다. 우리의 이야기들은 우리가 이런 근본적인 문제들을 받아들여 존재의 거대함과 무질서를 다룰 수 있도록 돕는다. 우리 자신과 이야기의 관계는 물고기와 물의 관계로 생각해 볼 수 있다. 물은 어디에나 존재하면서 물고기에게 생명을 주는 매체를 제공하고 유지해준다. 바로 그러한 방식으로 인간들은 이야기 없이 살 수 없다.

여기에는 구조신경생리학적 근거가 있는 듯하다. 인간은 이야기에 대한 능력을 '타고나는' 듯하다. 주어진 이야기를 제대로 이해했다고 진술하는 청자들을 대상으로 했던 기능적 MRI(Functional MRI: fMRI) 연구가 밝히고 있듯이, 이야기를 듣는 사람의 뇌에서도 이야기를 하는 사람의 뇌에서 나타나는 소견과 닮은 소견이 나타나며 둘 사이에는 '고도의 연결성'이 있다. 이러한 연결성은 특히 식별과 이해를 처리하는 것으로 생각되는 측두두정접합부위과 일차청각피질 영역에서 두드러진다(Stephens et al., 2010). 우리는 정말로 서로 연결될 수 있다. 하지만 이 연결성은 참가자들이 소통할 수 없으면 사라진다. 이 신경 미러링(neuronal mirroring)은 우리 머리 안에서 강력한 허구적 시뮬레이션이 수행되는 능력의 기반이 되는 듯하다. 또한 다른 사람의 마음에서 진행되고 있는 것을 이해하는 기반이 되는 듯하다.

일반적으로 이야기들은 정해진 패턴과 예상 가능한 일정한 구성 요소를 가지고 있다. 보편적으로 다음 세 가지 요소가 있다.

- 등장인물 혹은 등장인물들
- 문제
- 문제의 해결

이 세 가지 중 어떤 것이 우리가 읽거나 듣는 이야기에서 빠져 있으면, 우리는 흔히 만족스럽지 않고 마음이 불편하고 왠지 속았다고 느낀다. 특히 이야기의 해결 단계에서 그렇다. 어린아이에게 '털복숭이 개(shaggy dog)'[1] 이야기를 해 주고 그 결과 나타나는 좌절과 분노를 보라(그리고 들어보라!). 하지만 나이

---

1) 역주: 서로 상관없는 일화들이 계속 이어지는 긴 이야기이며, 결말에서도 특별한 의미 없이 끝이 난다.

와 경험이 늘면서 우리 대부분은 모든 이야기에 '결말'이 있는 것은 아니며, 또한 결말이 반드시 있지도 않다는 현실과 타협한다. 하지만 그렇다고 그러한 현실을 받아들이는 것이 반드시 더 쉬워지는 것은 아니다. 우리 모두에게 죽음은 피할 수 없는 최종 결론이지만(9장 참조), 중간 결말들도 중요하고 종종 똑같은 강도의 압력을 주기도 한다. 나의 고통 혹은 나의 증상은 나아질 것인가? 나는 여전히 일을 해서 가족을 부양할 수 있을까? 이 병으로 나는 죽을 것인가?

환자들이 이야기를 하도록 돕기

환자들의 이야기는 그들의 삶에 본질적이며 분리될 수 없다. 환자들의 이야기는 그들의 성격과 정체성을 독특하게 정의한다. 환자들의 이야기를 들으면 임상의는 그들의 문제와 걱정과 기대의 성격을 알게 된다. 이야기 혹은 우리가 사용하는 용어로 병력의 중요성은 아무리 강조해도 지나치지 않다. 모든 의과대학 교수는 학생들에게 "환자의 말에 귀를 기울이세요. 그들은 여러분에게 진단을 말하고 있습니다."라고 권유한다. 하지만 많은 의대생과 젊은 의사들은 (그리고 중견 의사들도) 계속 이 조언을 무시하고 있다. 수많은 검사(종종 복잡하고, 비싸고, 침습적이며, 시간이 많이 드는)가 답을 제공하리라는 생각이 지배적이다. 새로운 영상화 기술, 혈액 검사 등의 발전에도 불구하고 이 견해는 잘못된 것이다. 이런 접근은 빈번하게 위양성(false-positive) 혹은 위음성(false-negative) 결과들, 혹은 질병과 무관하게 발견된 이상 소견들로 상황을 혼란스럽고 복잡하게 만들어 진단을 헛된 노력으로 만든다. 현실적으로 70~90퍼센트의 환자들에 대한 올바른 진단이 병력을 듣는 것만으로 이뤄진다(Hampton et al., 1975; Tsukamoto et al., 2012)

최고의 임상의는 정확한 병력을 이끌어내는 거의 본능적인, 심지어 마법 같은 능력을 가지고 있는 듯하다. 이를 달성하는 것이 임상 의학의 핵심이며, 그 기술은 숙련된 의사들을 관찰하면서 가장 잘 배울 수 있다. 그렇다면 임상 의인 우리는 어떻게 환자가 자신의 이야기를 하도록 도울 수 있을까? 여기서 제기되는 가장 큰 문제는 아마 시간일 것이다. 흔히 경험이 적은 임상의들은 제한된 시간 안에 병력을 확인하는 가장 좋은 방법이 일련의 직접적이고 보통 '폐쇄적'이라고 말해지는 질문을 하는 것이라고 생각한다(〈글상자 1-2〉 참조). 때로는 폐쇄형 질문들이 정말 필요하다. 하지만 보통은 이후에 진료상담을 할 때 필요하다. 처음에는 "그리고요?" 혹은 "아하." 같은 격려하거나 말을 유도하는 반응을 보이는 개방형 질문이 환자가 자신의 이야기를 하게 돕는 비밀이다. 연극이나 영화를 보는 과정을 기억해 보자. '등장인물(들)'과 '문제'가 발전하기 전에는 방해나 빠른 이야기 진전은 아무 의미가 없다. 대단원과 그것의 해결은 바라건 대 나중에 당신에게서 나올 것이다.

개방형 질문과 폐쇄형 질문

개방형 질문은 환자가 말하도록 고무한다. 그런 질문들은 보통 '무엇' 혹은 '어디서' 같은 말이나 '……에 대해 조금 더 말씀해 주시겠어요.' 같은 절로 시작한다. 그런 질문들은 어떤 일이 진행되고 있는지 알아내기 위해서 환자가 말하도록 고무하는 상담 초반에 가장 유용하다.

폐쇄형 질문은 특정한 정보를 찾아내려 하며, 흔히 조직적인 질문 과정의 일부이다. 기침을 하나요? 가슴이 아픈가요? 그런 질문들은 '예' 혹은 '아니요' 같은 단답형 답을 요구한다. 그래서 환자의 이야기 흐름을 방해한다.

Maclethod, *Clinical Examination*, 13th edition, p. 7에서 인용.

오랫동안 전통적으로 의료에서 병력 청취는 순차적이고 정해진 패턴의 질문 방법을 따랐다. 이러한 구성은 구조화된 전자 기록, 체크리스트, 특정 양식들이 점점 더 사용되면서 촉진되었다. 질문의 순서는 흔히 다음과 같다.

- 현재 병력
- 과거 병력
- 약물 복용력과 알레르기 유무
- 가족력
- 사회생활의 이력
- 신체 계통—심혈관계, 호흡기계, 비뇨기계 등—에 대한 체계적 질문
- 우리가 다루지 않은 다른 것이 있는가?

하지만 환자의 문제 대부분은 그들의 개인적인 상황과 불가분의 관계에 있으며 그래서 이 기법은 시대에 뒤진 것일 수 있다. 예일 대학의 배리 유(Barry Wu)는 질문의 순서를 역으로 바꾸는 것(다음 절 참조)이 환자의 이야기를 맥락화하고 시간을 줄이는 데 도움이 된다고 제안한다. 사회생활의 이력과 가족력에 대해 먼저 묻는 것은 반직관적으로 보일 수 있다. 하지만 그 방법은 개인으로서의 환자에 대한 당신의 관심을 전달하고, 환자-의사 관계와 그들의 문제(들)에 대한 당신의 이해를 증진시킨다. 이러한 방법은 환자가 현재 호소하는 증상에 접근하기도 전에 그들의 직업, 가족 역학 등과의 관련 속에서 문제의 본질에 대한 중요한 단서를 제공한다. 만약 사전에 이러한 과정에 대해 환자에게 세심하게 설명한다면, 환자는 자신이 단지 가슴 통증이나 호흡 곤란의 증례로 간주되기보다는 한 개인이라고 느낄 것이다. 윌리엄 오슬러(William Osler) 경이 말하듯 "좋은 의사는 질병을 치료한다. 훌륭한 의사는 질병을 앓고 있는 환자를 치료한다."

병력 듣기의 순서 뒤집기

- 사회생활의 이력
- 가족력
- 약물 복용력과 알레르기 유무
- 과거 병력
- 현재 가장 중요하게 나타나는 증상
- 신체 계통—심혈관계, 호흡기계, 비뇨기계 등—에 대한 체계적 질문
- 우리가 다루지 않은 다른 것이 있는가?

(Wu, 2013에서 인용)

첫째도 듣기, 둘째도 듣기

모든 이야기꾼은 주의를 기울이며 관심을 보이는 청중을 원한다. 그러한 청중의 참여는 내러티브의 흐름을 방해하지 않는다. 하지만 실생활에서 이러한 일은 거의 일어나지 않는 듯하다. 우리는 기본적으로 듣지 않는다. 의사와 환자 사이의 인터뷰 기록을 연구한 자료에 따르면, 환자들이 자신이 걱정하는 바를 말하는 최초의 진술을 마치도록 허용된 경우는 1/4도 안 된다. 환자의 말이 중단되기까지 걸린 평균 시간은 한 연구에서는 12초, 다른 연구에서는 18초였다! 2/3가 넘는 진료상담에서 의사는 환자의 말을 중단하고 특정한 관심사에 대한 질문(폐쇄형 질문)으로 개입했다고 한다. 나아가 걱정스럽게도 성차별적 요소가 여기에 개입된다. 의사들(남성과 여성 모두)은 남성 환자보다 여성 환자의 말을 중단시킬 가능성이 크다(Rhoaders et al., 2001;

Beckman & Frankel, 1984).

환자의 이야기를 인정하고 받아들이고 해석하는 데 필요한 기술들은 '내러
티브 역량(narrative competence)'이라고 불린다(Charon, 2000, 2004; Divinsky,
2007). 어떤 면에서 내러티브 역량은 우리가 어린 시절의 태도와 경험으로 되
돌아갈 필요가 있다고 촉구한다. 이야기의 구조와 관점 중 어느 하나도 놓치
지 않고 모든 암시와 은유를 확인하기 위한 주의 깊게 듣기, 이야기를 해석하
고 다른 결말들을 상상하는 데 필요한 창조성과 호기심, 화자의 기분과 본성
을 인식할 수 있는 감정적 혹은 정서적인 재능 등이 바로 그것이다.

어떤 사람들은 이러한 재능을 타고난 듯하다. 이들은 당신이 그들을 만났
을 때 당신이 그 순간 그들의 삶에서 가장 중요한 사람인 듯 느끼게 만드는
능력을 가진 카리스마 넘치는 사람들이다. 자신을 내세우지 않으면서 그들
은 당신의 말 한마디 한마디에 귀를 기울인다. 정치인들은 이런 기술을 연마
하고 학습을 통해 이러한 테크닉에 능숙해진다. 몇몇 주목할 만한 예외는 있
지만 영국과 유럽에서 의학 교육은 이 분야에서 뒤처져 있다. 많은 중견 임
상의들은 여전히 이러한 생각들을 모호하고 자기만족적인 '부드러운 기술들
(soft-skills)'이라고 본다. 대조적으로, 북미에서는 내러티브 역량을 가르치는
것이 점점 더 주류 의학 교육의 일부가 되고 있다.

글상자 1-3 내러티브 역량 기르기

- '좋은' 문학작품 읽기. 만약 무엇이 '좋은'지 잘 모른다면, BBC, 가디언(Guardian), 텔
  리그라프(Telegraph) 등의 웹사이트에 있는 '가장 좋은 책 100권(100 Best Books)'
  중에서 시작한다. 우리는 읽으면서 주인공의 투쟁을 '경험'하고 '느낀다'.
- 당신의 경험들—의학적인 경험과 개인적 경험—을 써 본다. 할 수 있다면 당신의 글
  을 다른 사람과 나누어 본다. 글쓰기라는 간단한 행위는 당신의 견해를 세심하게 표
  현하고 명확하게 하는 데 도움이 된다. 어느 정도 시간이 지난 후 당신이 쓴 것을 다

시 보면서 그 글이 부자연스러운지, 전문 지식이 없는지, 심지어 잘못되었는지 살펴본다.

- 환자의 이야기들을 읽는다. 예를 들어, The BMJ 혹은 www.mayoclinic.org/patient-stories 등에 나오는 사적인 이야기들은 종종 깊은 감동을 준다. 짧은 그들의 이야기는 환자가 된다는 것, 그들의 질병과 전문 의료진과의 상호작용 등에 대하여 특별한 통찰을 준다.

- 이러한 것들에 대해 시간을 들여 생각해 본다.

단 하나의 위대한 능력을 꼽으라면 그것은 듣는 능력이다. 듣는 것은 단지 수동적으로 앉아 있는 것이 아니다. 듣는 것은 적극적인 참여를 수반한다. 적극적인 듣기에는 청각만큼이나 다른 감각들도 포함된다. 유감스럽게도 첨단 기술은 방해 요소가 된다. 당신은 화면에 정보를 입력하면서 동시에 잘 들을 수 있다고 생각할 수 있지만 그렇게 할 수는 없다. 먼저 듣고 나중에 입력하거나 써야 한다.

환자가 이야기를 하지 못하게 하기는 정말 너무 쉽다. 환자들은 의사소통에 어려움을 가지고 있을 수도 있고, 환경이나 사회적 낙인 때문에 주눅 들어 있을 수도 있다. 그러므로 흔히 말로 하는 이야기를 보충하거나 강조하는 얼굴 표정이나 몸의 언어 같은 비언어적 신호들을 특히 잘 감지해야 한다.

컴퓨터 화면 뒤에 앉아 있기, 전화 통화, 시끄러운 환경, 남이 이야기를 들을 가능성(커튼과 스크린은 결코 사생활을 보호하지 않는다) 같은 물리적 요인이 있다면 환자는 자신의 이야기를 하지 못하게 될 것이다. 또한 당신의 성격과 신체 언어도 방해를 할 수 있다. 당신의 본성, 당신의 자아, 당신의 신념, 윤리 규범과 편견 등이 결코 환자의 내러티브를 방해해서는 안 된다. 근본적으로 당신은 당신 앞의 사람에게 관심을 두어야 한다. 우리 모두에게는 '일이 잘 안 되는 날'이 있다. 하지만 만약 당신이 당신의 환자에게 관심이 없다면 스스로에게 물어야 한다. "임상이 나에게 정말 맞는가?" 이러한 관심에 암묵적으로 들어 있는 것은 공감(empathy)이다. 결정적으로 중요한 것은 공감이 슬픔의 표현인 동정(sympathy)과 같지 않다는 점이다. 공감은 환자에게 당신이 그들이 경험하고 있는 것의 적어도 일부는 이해하고 인정하고 있다는 사실을 전달한다. 이를 성취하는 한 가지 방법은 그들의 이야기가 당신의 이야기라고 상상하는 것이다. 그들의 입장이나 상황에 있다면 당신은 어떻게 느끼고 행동하고 반응할까?(〈표 1-1〉 참조).

〈표 1-1〉 환자가 그들의 이야기를 하도록 돕기

- 바쁘지 않은 듯 보여야 하고 당신이 그들을 위해 시간이 있음을 전한다.
- '개방형' 질문으로 시작한다.
- 그들이 자신의 이야기—당신이 듣고 싶은 것이 아니라—를 하도록 한다.
- 중간에 끼어들지 않는다. 잠깐의 침묵은 질문보다 더 환자의 이야기를 촉진한다.
- 환자가 당신에게 하고 있는 이야기를 정말로 이해하고 있는가? 만약 필요하다면 그들이 말하는 의미를 분명하게 하기 위한 질문을 한다.
- 당신의 환자에 대해 한 개인으로 알고자 한다.
- 그들의 감정을 인정한다.
- 그들의 생각(ideas), 걱정(concerns), 기대(expectations)(ICE) 등을 알아낸다.

환자와 의사의 상호작용은 이야기를 확보하는 데서 시작한다. 따라서 당신은 다양한 단계에서 환자와, 그리고 종종 그들의 가족과 소통해야 할 필요가 있다. 이러한 소통은 다음에 일어날 일에 관한 것일 수 있다. 예를 들어, 추가 검사, 어떤 치료가 가능한지, 그것의 효과와 예상되는 결과는 무엇인지 등이다. 이 과정은 종종 마음이 불편할 수 있다. 우리는 과학자로 훈련을 받았고 그래서 사실과 수치, 생리학과 병리를 다루는 것이 편하고 익숙하다. 반면, 불확실성을 전하고 감정을 다루기는 훨씬 어렵다. 현실적인 목표는 무엇인가? 우리의 치료 계획에 내포된 위험과 이익을 우리는 정말로 잘 인식할 수 있는가?

우리가 느끼는 부적절함 중 많은 부분은 우리 교육의 결함과 관련이 있다. 우리는 사실들, 데이터 해석 그리고 실제 테크닉에 대해 배우고 또 정기적으로 시험을 본다. 소통 기술은 환자나 친지의 역할을 하는 연기자들을 대상으로 하는 시험을 통해 점검된다. 이 귀중한 지식을 당신이 대면하는 개별 환자에게 가장 잘 적용하는 방법에 대한 지혜와 공감을 전해주는 것은 더욱 어렵다. 이 과정을 방해하는 또 하나의 요소는 환자로부터 현대적 진단 및 치료법을 광범위하고 능력있게 다루는 '모든 것을 다 아는' 치유자로 인정받고 싶은 자연스러운 욕망이다. 이러한 요인들이 모두 환자와 거리를 두는 피난처, '유리벽'을 만든다. 어떤 사람들은 '나에게는 지식과 힘이 있으니 내가 확실히 옳아.' 같은 태도를 취하기도 한다. 많은 진료소, 병원 및 강의실에서 '의사 신' 숭배가 지속된다.

내러티브나 이야기 형식을 사용하는 능력이 있다면 이러한 어려움의 많은 부분이 해결되거나 예방될 수 있다. 그러한 능력은 독특한 소통의 혜택을 주어서 그것이 없었다면 하기 어려웠거나 불가능했을 개념들을 설명하고 소통하게 해 준다(Charon, 2004). 많은 면에서 이 테크닉은 환자가 자신의 이야기를 할 수 있도록 돕기 위해 사용하던 과정을 반영한다. 하지만 몇몇 추가할 점이 있다.

- 천천히 정확하게 말하기
- 계속 짧은 문장 사용하기
- 환자가 충분히 이해할 수 있는 언어와 단어 사용하기
- 신체적 언어와 비언어적 의사소통에서 도움받기
- 메시지가 '이해될 수 있는' 시간을 허용하기

특수 용어, 전문 용어, 완곡 어법을 사용하는 이야기꾼은 인기가 없다. 의심이 든다면 환자가 당신이 사용한 용어를 어떻게 이해했는지 물어보자. 그들이 그 말들을 이해했다 하더라도 과연 당신이 말한 것이 함축하고 있는 바를 인식하고 있을까? 예를 들어, 많은 환자는 아직도 '암'이라는 말이 자동으로 죽음을 선언한다고 믿고 있다. 실제로는 그들이 가진 암의 형태가 치료 가능할 수도 있고, 최소한 즉각적으로 치명적인 것이 아닐 수도 있다. 필요하다면, 환자의 이해력이 증가함에 따라 간단한 단어들을 다음의 예에서처럼 나중에 복잡성의 면에서 확장시킬 수 있다. "당신의 장에 뭔가 자라는 것이 있어요. 암의 한 형태입니다. 하지만 우리는 이런 유형의 암을 이러저러한 방식으로 치료할 수 있습니다."

비록 소통의 기본 메커니즘은 언어이지만, 일부 환자는 표현을 정확하게 하지 못할 수 있다. 어떤 단어를 사용할지 몰라서 그럴 수도 있고, '불평'하지 않으려는 욕구를 가지고 있어서 그럴 수도 있다. 환자가 적절한 단어를 찾을 수 없다 해도 다른 방법으로 자신의 느낌이나 상황을 나타낼 수도 있다. 소묘나 회화와 같은 비언어적인 접근이 진료상담에 도입될 수도 있다. 소묘나 회화는 특히 가슴 아픈 이야기를 표현할 수 있다. 예술가 존 벨라니(John Bellany)가 그의 간 이식 이전과 중간 그리고 이후에 그린 일련의 연속적인 회화를 보면, 색상만으로도 그의 상태에 대한 단서를 얻을 수 있다. 「학생들의 내러티브 역량 개발(Developing Narrative Competence in Students)」이라는 논문에서 루이즈 요니(Louise Younie)는 그녀의 학생 중 한 명이 그린 강력한 회화 작품을 발표했는데, 그 그림은 이 학생이 자신과 우울증 질환이 있는 중년 여성 간의 상호작용을 요약한 그림이었다(Younie, 2009). 예술성이 떨어지는 단순한 선 그림도 나름의 이야기를 한다. 작가인 커트 보네거트(Kurt Vonnegut)는 그의 석사 논문(그런데 이 논문은 통과되지 못했다!)에서 이야기 안의 한 등장인물과 그 이야기 자체가 그래픽 형태로 공식화될 수 있고, 그들의

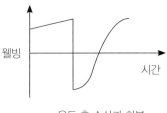

운동 후 손상과 회복

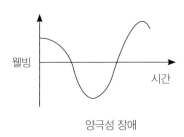

양극성 장애

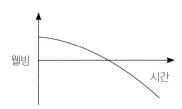

진행성 신경질환(예: 치매, 운동신경세포병)

[그림 1–1] 몇몇 이야기 형태

상태를 그림으로 표현할 수 있다고 제안했다([그림 1–1] 참조).

　마지막으로, 당신이 들려준 이야기를 환자나 그들의 친지가 완전히 파악할 수 있게 하기 위해서 그들이 정보를 요약하게 해 본다. 특히 복잡한 상황의 경우, 일부 임상의는 상담을 녹음한 테이프나 CD를 제공해서 환자가 시간이 있을 때 정보를 재생해서 소화할 수 있게 한다.

우리의 이야기

이야기들은 인간의 삶에 구조를 주는 데 아주 중요하다. 이야기들은 우리의 삶의 경험적 자료에 의미를 부여해서 일종의 '인지적 각본'을 형성한다. 인지적 각본이란 그 안에서 우리가 삶의 중심적 질문들을 묻고 해석할 수 있는 틀이다. 우리는 어디에서 왔는가? 나는 왜 이런 방식으로 존재하는가? 나는 어디로 가고 있는가? 진화론적 관점에서 본다면, 이야기의 무엇이 이야기를 그렇게 널리 퍼지게 하고 필요하게 하는가? 내러티브에 대한 우리의 필요는 진화론적 적응인가 아니면 단순히 과거 상황의 결과이거나 예상치 못한 부작용인가? 진화심리학자 조나단 고츠셜(Jonathan Gottschall)은 다음처럼 질문을 제기한다. "진화는 냉혹하게 실용적이다. 어떻게 허구처럼 사치스럽게 보이는 것이 인간의 삶에서 제거되지 않았을까?"(Gottschall, 2012, p. 24) 몇 가지 가능성이 있다. 이야기들은 일종의 짝짓기 의식—성적 파트너들을 매혹하기 위한 인지적인 '공작처럼 멋 내기'—일 수 있다. 아마도 이야기들은 일종의 '인식의 유희'로서 아이들이 몸으로 하는 거친 공중제비와 유사하게 우리의 정신적 근육을 위한 운동으로 작동한다. 혹은 이야기들은 비용이 적게 드는 대리 경험의 원천—'실제 세계'에서는 얻기 어려운 자극적인 신경화학물질을 얻는, 비용을 들이지 않고 정신적 스릴을 얻도록 허용하는, 하지만 동시에 미래의 삶의 경험에 우리를 준비시키는 일종의 '정신적 홀로데크(mental holodeck)'나 모의비행장치(flight simulator)—이 아닐까?

이야기들은 우리의 두뇌에 내재적으로 장착되어 있는 듯하다. 하지만 이야기들은 우리 자신의 문화적 맥락이라는 제약 속에서 생성된다. 우리의 이야기들은 우리가 누구인지를 규정하고, 그리고 다시 우리는 우리 문화가 '허용하는' 이야기들에 의해 창조된다. "이야기들은 늘 우리에게 작용한다. 흐르는 물이 점진적으로 바위의 모양을 바꾸는 방식으로 우리를 재형성한다." (Gottschall, 2012, p. 153) 우리의 감정 상태는 이 과정에 엄청난 영향력을 행사한다. 성공적인 사람들의 이야기에는 흔히 구원의 주제가 포함된다. 그들에게는 부정적인 사건들(실패, 붕괴, 상실과 아픔 등)을 긍정적인 결과로 전환하는 경향이 있다. 자신의 이야기를 스스로 보고한 삶의 이야기들을 분석해 보면 고도로 생산적인 사람들은 나머지 우리들보다 이러한 구원적 내용을 두 배나 더 가지고 있다.

당연히, 우리의 삶의 이야기들은 끊임없이 진화한다. 나이가 들면서 성격, 주제, 드라마의 복잡성이 증가한다. 그 과정은 중년에 최고조에 달하고 그 이후 우리 이야기들은 다시 단순화되는 경향이 있지만 동시에 더 긍정적이 되는 경향도 있다. 기억은 우리 과거의 삶을 중요한 사건을 기반으로 한 '장들(chapters)'을 지닌 소설의 형태로 번역한다. 우리 미래는 아직 읽지 않은 장들로 상상할 수 있다.

우리가 누구인지 그리고 우리 삶의 목적은 무엇인지와 같은 큰 질문을 숙고하는 것은 서사적 정체성을 형성하는 데 결정적이다. 이 질문들이 불러내는 이야기들은 우리가 우리의 삶에 대한 통제력을 가지는 데 도움을 줄 수 있다. 그것들은 우리의 두뇌를 긍정적인 방식으로 다시 연결시킨다. 의학 영역에서 일하는 우리는 개인적 숙고를 지속하지 못하게 할 정도로 빠르게 진행되는 교육과 직장 생활의 요구 때문에 일종의 보호를 받는다. 어떤 특별히 어려운 삶의 사건으로 정체 상태에 빠졌을 때, 그래서 우리의 개인적 삶이나 전문적 삶에서 일어나는 일에 대한 맥락을 찾아야 할 때, 우리는 스스로에 대한 이해가 얼마나 피상적인지 깨닫고 고통스러워 한다. 그때 우리는 이런 질문을 해야 한다. "나는 내 이야기의 희생자인가, 아니면 내 운명의 주인인가?"

• 참고문헌 •

Beckman HB, Frankel RM. The effect of physician behavior on the collection of
    data. *Ann Intern Med*. 1984; 101: 692-6.

Charon R. Literature and medicine: origins and destinies. *Acad Med*. 2000; 75: 23-7.

Charon R. Narrative and medicine. *NEJM*. 2004; 350: 862-4.

Divinsky M. Stories for life: introduction to narrative medicine. *Can Fam Phys*.
    2007; 53: 203-5.

Gottschall J. *The Storytelling Animal: how stories make us human*. New York, NY:
    Houghton Mifflin Harcourt; 2012.

Hampton JR, Harrison MJG, Mitchell JRA *et al*. Relative contributions of history-
    taking, physical examination, and laboratory investigation to diagnosis and
    management of medical outpatients. *BMJ*. 1975; 2: 486-9.

Rhoades DR, McFarland KF, Holmes Finch W *et al*. Speaking and interruptions
    during primary care office visits. *Fam Med*. 2001; 33: 528-32.

Stephens GJ, Silbert LJ, Hasson U. Speaker-listener neural coupling underlies
    successful communication. *Proc Nat Acad Sci USA*. 2010; 107: 14425-30.

Tsukamoto T, Ohira Y, Noda K *et al*. The contribution of the medical history for the
    diagnosis of simulated cases by medical students. *Int J Med Educ*. 2012; 3: 78-
    82.

Wu B. History taking in reverse: beginning with the social history. *Consultant*.
    2013; 53: 34-6.

Younie L. Developing narrative competence in students. *Med Humanit*. 2009;
    35: 54.

• 추천문헌 •

Arbesman S. *The Half-lfe of Facts: why everything we know has an expiration data*.

New York, NY: Penguin Books; 2013.

Cron L. *Wired for Story: the writer's guide to using brain science to hook readers from the very first sentence.* Berkeley, CA: Ten Speed Press; 2012.

Evans D. *Risk Intelligence: how to live with uncertainty.* New York, NY: Simon and Schuster; 2012.

Frank AW. *Letting Stories Breathe: a socio-narratology.* Chicago, IL: University of Chicago Press; 2010.

Geary J. *I Is an Other: the secret life of metaphor and how it shapes the way we see the world.* New York, NY: HarperCollins; 2011.

Gottschall J. *The Storytelling Animal: how stories make us human.* New York, NY: Houghton Mifflin Harcourt; 2012.

Sachs J. *Winning the Story Wars: why those who tell-and live-the best stories will rule the future.* Boston, MA: Harvard Business Review Press; 2013.

Smith R. Thoughts for new medical students at a new medical school. *BMJ.* 2003; 327: 1430-3.

Spiro H, McCrea Curnen MG, Peschel E *et al. Empathy and the Practice of Medicine: beyond pills and the scalpel.* New Haven, CT, and London: Yale University Press; 1996.

2

진료상담의 이야기

그레이엄 이스턴Graham Easton

내러티브 의학(Narrative Medicine)은 건강 관리의 많은 측면에서 우리의 사고방식에 혁명을 일으켰다. 하지만 의사나 의료 전문가가 일상에서 환자를 볼 때 그것은 어떤 의미를 가지는가? 이 장에서 나는 내러티브 혁명이 의학의 핵심 그 자체, 즉 의사와 환자 사이의 진료상담이라는 의학의 중심 행위로 어떻게 나아가는지 탐구하고자 한다. 진료상담 과정에서 일어나는 일에 대한 내러티브적 이해가 어떻게 당신과 당신의 환자를 도울 수 있는지에서 시작해서, 내러티브 이론을 실천에 옮길 수 있는 몇몇 기술을 보여 주고, 당신의 환자가 하려는 이야기를 이해하는 데 도움이 되는 진료상담의 내러티브적 작업 틀을 소개하려 한다.

이야기는 왜 진료상담에서 중요한가

내러티브 의학은 환자가 또는 환자와 의사가 이야기(혹은 내러티브. 나는 여기서 이 두 용어를 상호 교환적으로 사용한다.)를 구축함으로써 건강과 질병을 이해한다는 개념에 의존한다. 우리는 우리의 삶의 혼란에 이해할 만한 질서를 부과하려는 강력한 충동 속에서 본능적으로 내러티브 구조에 의지한다. 새로운 이야기를 오래된 이야기들 안에 짜 넣음으로써 새로운 경험을 이해한다. 그래서 의미 있는 현실은 지속적으로 직조가 짜이는 일종의 언어 태피스트리가 된다(Launer, 2002).

이러한 내러티브 관점을 사용하면, 진료상담은 환자와 의사가 말하려는 이야기라는 측면에서 이해될 수 있다. 진료상담에 대해 이 말은 의사와 환자가 나누는 대화가 단지 질병의 객관적 현실에 대한 이야기만은 아니라는 의미이다. 즉, 의사와 환자는 새로운 현실을 창조한다(Launer, 2002). 의료 전문가는 환자의 이야기에 주의를 기울이고 환자가 질병과 건강에 대해 도움이 되고 만족스럽고 의미 있는 이야기를 창조해 내는 것을 도울 수 있는 사람이 된다. 의사는 환자와 함께 이야기의 공동 창작자가 된다. 의학은 환자들이 '적절한' 이야기를 하도록 돕는 것, 혹은 나아가 정신건강의학에서처럼 사람들이 자신에 대해 다른 이야기를 발전시키도록 돕는 것이 된다(Launer, 2002).

물론, 이야기를 하고 이야기를 듣는 것이 의사가 하는 일의 전부는 아니다. 의사는 여전히 전문가여야 한다. 의사는 무엇이 잘못되었는지 이해하고, 진단을 내리고, 검사를 지시하고, 치료 과정을 수행한다. 그러나 이 모든 것이 이야기들의 그물망 안에서 진행된다는 것이 내 생각이다.

진료상담에서 어떤 이야기들이 말해지는가

진료상담은 이야기들로 넘쳐흐른다. 진료상담을 '이야기 스튜'라고 생각해 볼 수 있다. 이 스튜 안에는 많은 다른 이야기들이 여기저기 떠다닐 수 있다.

하지만 단순화를 위해 세 가지 특별히 맛있는 이야기 덩어리에 초점을 맞추어 보자. 즉, 환자의 이야기(혹은 이야기들), 의사의 이야기, 그리고 그들이 함께 만들어 내야 하는 공유된 이야기가 그것이다.

의사는 환자를 보면서 그들의 이야기를 듣는 데 익숙해질 것이다. 어떤 이야기들은 단지 사소한 정보들이다("의사 선생님, 다리가 너무 아파 죽을 것 같아

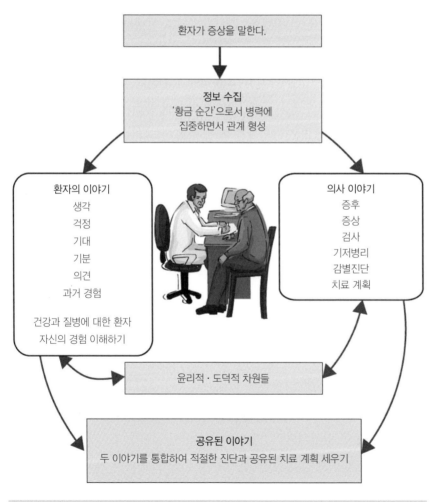

[그림 2-1] 진료상담에서 세 개의 주요 이야기

출처: Stewart & Roter(1989)에서 인용.

요. ······ 더 이상 견딜 수가 없어요."). 반면에 많은 세부 사항과 명확한 플롯을 가진 내용이 훨씬 풍부한 이야기들도 있다("모든 건 지난 화요일에 제가 정원을 손질하고 있을 때 시작되었어요. ······ "). 환자는 여러 이야기를 할 수도 있고 단 하나의 이야기를 할 수도 있다. 그것들은 완전할 수도 있고 미완성 상태일 수도 있다. 시간이 지나면서 바뀔 수도 있고, 이야기를 듣고 있는 사람에 따라 달라질 수도 있다. 하지만 이야기들이 어떻게 나타나든 이 이야기들, 즉 내러티브들은 환자가 자신의 질병에 대해 말하려고 선택한 방식이다. 그것들은 대개 개인적이고 환자들은 자신에게 중요한 맥락과 의미를 의사인 당신과 공유하고 싶어 부가한다. 그 맥락을 알아차리지 못하는 진단이나 치료, 환자의 기존의 서사적 이해 안으로 쉽게 짜여 들어가지 않는 진단이나 치료는 환자에게 의미가 있거나 도움이 되기가 어렵다. 또한 그러한 진단이나 치료는 정확할 가능성도 적다. 윌리엄 오슬러 경의 말처럼, "당신 환자의 말에 귀를 기울여라. 그는 당신에게 진단을 알려 주고 있다." 스튜어트와 동료들이 말하듯, 임상 면담에서 가장 큰 문제는 환자가 이야기를 하도록 허용하지 않는다는 점이다(Stewart et al., 1995). 그래서 우리는 의사로서 환자의 이야기에 세심한 주의를 기울여야 하고, 환자가 말할 필요가 있는 이야기를 하도록 돕는 전문가가 되어야 한다.

그러나 이야기를 하거나 이야기 구조를 사용하는 사람은 단지 환자만이 아니다. 전문가인 의사도 '들려줄' 자신의 이야기가 있다. 의과대학 이래 환자를 중심으로 함께 모여 일하도록 훈련받은 전문가인 우리 모두의 이야기이다. 우리는 또한 서로의 환자들에 대한 정보를 전달할 때 내러티브를 사용한다. 만약 숙련된 임상의라면, 이 이야기는 아마도 아주 친숙할 것이다. 전에 여러 번 들은 이야기일 것이다. 환자의 주호소, 그들의 과거 병력, 가족력과 사회생활의 이력, 약물 복용력, 진찰 소견, 의사의 진료, 감별진단 및 치료 계획 등에 대한 이야기가 바로 그것이다.

이 의료 내러티브는 진단과 치료를 위한 관련 정보를 수집하는 데 매우 효율적이다. 환자가 가진 질병의 진행 과정에 관한 의료 증례 기록은 '이 사람한테 무슨 문제가 있나?'와 같이 문제를 다루는 데 효과가 증명된 도구이다. 반면 이런 내러티브는 고통에 대한 개인의 서사에서 객관적이고 사실적이고 과학적인 세부 사항만을 분리해서 다룸으로써 환자들을 비인간화시킬 위험이 있다(Sobel, 2000). 다른 말로 표현하면, 환자의 이야기에서 주인공 또는 주된 등장인물은 보통 환자이지만, 의사의 이야기에서는 흔히 환자의 신체나 질병이 주인공이다. 의사의 이야기는 환자의 경험에서 영혼을 제거해 낼 수 있다. 그래서 내러티브적 용어로 말하면, 의사는 환자의 개인적인 이야기에 주의를 기울이면서 동시에 전문가로서 환자 진단에 중요한 이야기도 만들어야 하는 어려운 곡예와 같은 노력을 해야 한다. 그것은 때로 한 손으로는 위를 가볍게 두드리면서 동시에 다른 한 손으로는 머리를 비비는 것 같은 느낌일 수 있다. 위험스러운 점은 전문가로서의 이야기가 종종 환자의 이야기를 가로막는다는 사실이다. 바쁜 진료실에서 시계가 똑딱거리며 지나갈 때 우리 모두는 환자의 개인적 이야기를 희생시키고 전문가 의사의 이야기에 집중하는 경향이 있다.

진료상담에서 이야기 스튜의 즙이 가득한 세 번째 덩어리는 환자와 의사가 함께 만들려고 애쓰는 공유된 이야기이다. 어떤 면에서 그 이야기는 전혀 별개의 이야기가 아니다. 그것은 정말 환자와 의사의 이야기들이 합쳐진 것이다. 스토리텔링은 상호작용적인 사회적 활동이다. 화자와 청자 사이의 공동 창작이다. 임상적 과제는 담화를 나누는 두 목소리—미슐러(Mishler)가 말하듯, 의료진의 목소리와 환자의 '생활세계'의 목소리(Mishler, 1984)—의 상호작용을 통해 수행된다. 우리에게 주어진 도전은 어떻게든 함께 받아들일 수 있는—그리고 의미 있는—이야기, 그리고 전문가로서 의사의 필요와 환자의 사적인 필요 모두를 만족시키는 이야기를 함께 만드는 것이다. 실용적인 면에서 이 공동 창작은 환자를 의사결정에 참여시키고, 서로 공유된 치료 계획을 타협하고 진료상담에서 힘의 균형을 변화시켜 환자가 더 중심이 되게 한다.

이야기에 대해 생각하는 것이 어떻게 의사와 환자를 돕는가

왜 진료상담에 대한 이런 내러티브 개념에 신경을 써야 할까? 이 개념들이 의사와 환자를 어떻게 도울 수 있을까?

가장 분명한 이점은 내러티브 관점이 진료상담에 대한 또 다른 관점을 제공한다는 것이다. 환자의 이야기에 초점을 맞추고 의사결정을 공유하고 치료 계획을 세우는 과정을 전면으로 가져오는 또 하나의 방식을 제공한다. 그것은 또한 누구의 이야기가 가장 크고 가장 분명하게 나타나는가를 드러냄으로써 의사와 환자 사이의 힘의 균형을 끊임없이 상기시키는 역할도 할 수 있다. 그것은 진료상담을 교육하고 분석하는 데 사용할 수 있는 또 하나의 도구이기도 하다. 특히 진료상담이 제대로 이루어지지 못할 때 그러하다.

로너(Launer)가 말하듯이, 내러티브 패러다임은 우리가 매일 듣는 아주 다양한 이야기, 믿음, 문화에 관심을 두게 함으로써 전문가로서의 우리의 호기심을 재활성화하고 우리의 일상 작업을 풍부하게 한다. 이야기를 변화의 강력한 작동 요인으로 보는 것 자체가 우리가 환자의 문제에 직면하는 매 순간 느끼는 '의학적인 무엇인가를 해야' 한다는 압박을 완화시켜 줄 수 있다 (Launer, 2002).

환자 중심이 된다는 말은 진료상담의 중심에 환자의 이야기를 포함시킨다는 의미이다. 환자의 이야기를 주의 깊게 듣고, 그것을 이해하고, 그것을 고려한다는 의미이다. 연구에 따르면, 환자 중심의 진료상담은 올바른 치료법을 처방하고 믿을 만한 병력을 알아내고 적절한 정보를 제공하는 것 등의 임상적 조치와 밀접한 연관이 있다(Roter & Hall, 2006). 우리는 또한 효과적인 의사소통을 하면 검사와 의뢰를 적게 하고 병원을 다시 방문하는 일이 줄어든다는 것을 알고 있다(Little et al., 2001). 레빈슨(Levinson) 등은 어떤 방식으로 진료를 받고 싶고 어떤 기대를 하고 있는지에 대해 환자와 허심탄회하게 논의한 의사들이 소송을 당할 가능성이 적다고 말한다(Levinson, 1994).

환자 중심 접근은 환자들과의 공감에 아주 중요하다. 그들의 관점을 알아차리고 그들이 느끼는 감정을 이해하는 데 중요하다. 환자들은 공감할 줄 아는 의사들이 그들을 돌보기 원하는 듯하다(Halpern, 2003). 또한 어느 정도는 공감이 의사-환자 관계를 향상시키고, 환자와 의사 양쪽 모두의 만족도를 높일 수 있으며(Mercer & Reynolds, 2002), 심지어 예를 들어 당뇨병 환자들의 임상적 결과도 향상시킬 수 있다는 증거가 증가하고 있다(Hojat et al., 2011).

이 모든 증거에도 불구하고 우리는 의사들이 20초 정도만 지나면 환자의 이야기를 중단시키는 경향이 있다는 것을 알고 있다(Beckman & Frankel, 1984; Marvel et al., 1999). 환자들의 이야기가 중단되면 진료상담은 환자 중심으로 이루어지지 않는다. 환자들은 자신의 내러티브를 다시 처음부터 말하기 시작하는 경향이 있어서 시간이 더 걸린다. 환자들이 이야기 하는 방법과 그들을 어떻게 도울 수 있을지 이해하게 되면 환자 중심성과 공감 능력이 향상될 것이다.

내러티브적 접근법은 또한 환자와 의사가 수용할 만한 이야기를 함께 만드는 데 중요한 협업적 특성을 부각시킨다. 진료상담에서 환자들은 의사와 함께 내린 의사결정을 선호한다는 증거가 점점 더 늘고 있다(De Silva, 2012).

- 환자들은 그들이 받은 치료(또는 진료)에 더 만족한다.
- 환자들은 좀 더 많은 양질의 정보를 제공받는다.

- 환자들은 자신의 결정에 더 자신감을 갖는다.
- 환자들은 더 적극적으로 치료에 참여한다.
- 환자들은 자신이 선택한 치료를 포기하지 않고 지속할 가능성이 더 높다.
- 치료 결과에 영향을 미치는 뚜렷한 유해 효과는 없다.
- 치료 결과에 이득이 있다는 확실한 증거는 적다(아직 장기간 연구가 충분하지 않다).

환자의 경험에 대한 설문 조사에 의하면, 의사들은 자신이 환자와 의사결정을 공유한다고 생각할지 모르지만 실제로 그렇게 하는 경우는 아주 드물다(Elwyn et al., 2012). 아마 내러티브적 접근이 도움이 될 것이다.

의사를 위한 내러티브 진료상담 기술

의사들과 의료 전문가들은 진료상담에 대한 내러티브적 이해를 어떻게 실제로 활용할 수 있을까?

우선, 우리가 배워 온 기존의 의사소통 기술과 진료상담 모델 중 많은 부분은 환자가 자신의 이야기를 하도록 의사가 어떻게 도울 수 있는지, 의사가 어떻게 환자와 공유된 이야기를 만들 수 있는지의 측면에서 이해할 수 있다. 몇 가지 주요 사례를 들어 보자.

개방형 질문

의사들은 진료상담을 시작할 때 '예' 혹은 '아니요'라는 대답을 요구하지 않는 질문들, 즉 개방형 질문들을 사용하도록 훈련받는다(Silverman et al.,

1998). 폐쇄형 질문들(특정한 대답을 요구하는 질문들로서 흔히 예 혹은 아니요라는 대답을 요구한다)은 특정한 임상 문제들(예를 들어, 경고 증상이나 알레르기에 대한 병력 청취, 체계별 문진)에는 유용하지만, 여기에 환자의 이야기는 존재하지 않는다. 다른 한편으로 개방형 질문들은 환자들이 하고 싶은 이야기를 하도록 고무한다. 그들이 원하는 방식으로 이야기를 시작하고 그들이 원하는 방향으로 이야기를 나아가게 한다.

진료상담을 시작하는 질문들도 환자가 어떤 이야기를 할지 결정하는 데 도움을 준다. 예를 들어, 나는 종종 "안녕하세요. 오늘 무엇을 도와드릴까요?"라고 말한다. 보통 이 말은 효과가 좋아서 환자가 의사에게 하고 싶은 말을 하게 한다. 하지만 몇몇 환자는 당황한 표정을 지었고, 이야기도 하기 전에 당황해서 말을 시작하지 못하는 환자도 있었다. 그 환자의 반응은 마치, "난 요즘 나에게 무엇이 문제인지를 우선 이야기하려고 했어요. 그것이 시작이라고 생각했고 의사 선생님이 나를 어떻게 '도울' 수 있을지에 대해 생각해 본 적이 없어요."라고 말하는 듯했다. 환자에게 처음 말을 건 방식이 환자가 전혀 기대하지 않았던 반응이었고 그를 완전히 당황시켰던 것이다. 운전석에 앉아 있는 사람은 환자가 아닌 의사였다. 우리는 환자가 운전대를 잡을 수 있도록 노력해야 한다. 어떤 질문을 한 것인지, 그리고 그 질문으로 환자들이 자신의 이야기를 하는 것을 제약하는지 혹은 자유롭게 하는지 신중하게 생각해야 한다.

환자가 자신의 이야기를 하도록 고무함으로써, 예를 들어 개방형 질문을 함으로써 벌집을 건드리는 것은 아닌가 하고 걱정하는 것은 당연하다. 환자들이 계속 이야기를 하면 바쁜 진료가 점점 더 늦어지리라 우려할 수 있다. 하지만 그런 일은 발생하지 않는다는 증거가 제시되고 있다. 한 연구에 의하면, 방해하지 않고 내버려 두면 대부분의 환자는 45초 이내에 말을 멈추었다. 심지어 가장 말이 많은 환자도 2분 30초면 멈추었다(Beckman & Frankel, 1984).

적극적 듣기

적극적 듣기 기술에는 몸짓 언어, 말하기를 고무하는 것(예를 들어 '음' '어−
허' '그렇군요' 혹은 '그래서요……' 같은 준언어), 눈을 맞추고 머리를 끄덕이며
말없이 있는 것 등이 있다. 이것들은 친구들의 이야기를 들을 때 우리가 자연
스럽게 사용하는 기술들이다. 몸을 앞으로 기울이고, 이야기하는 사람에게
집중하고, 고개를 끄덕이거나 고무적인 소리를 내기도 한다. 무엇보다 그들
이 할 이야기가 있을 때 그들이 말하게 한다[내러티브 서클에서 '차례대로 말하
기의 확장(extended turn-taking)'이라고 불리는 것이다]. 공감을 보여 주는 것—
흔히 특정한 말('정말 끔찍했겠어요.')보다 신체 언어(염려하며 찌푸림 혹은 적절
한 터치)가 훨씬 진정성 있다—은 당신이 그들의 이야기에 완전히 몰입해 있
음을 보여 주는 아주 효과적인 방법이다.

생각, 걱정, 기대(ICE)

환자 중심 진료상담에서 생각, 걱정, 기대(ideas, concern and expectations:
ICE)는 기독교의 성삼위일체와 같은 핵심 개념이다. 지금은 거의 의학적인
상투 문구가 되었지만, 환자의 생각, 걱정, 기대(ICE)를 이끌어 내는 것이 중
추적인 진료상담 기술이다(Pendleon et al., 2003). 이야기 용어로 말하자면,
이것은 종종 환자가 의도적으로 혹은 무의식적으로 말하지 않고 남겨 두는
이야기 조각들이다. 어떻게 일이 진행될 것이라고 환자가 생각하고 있는지,
환자의 걱정이 무엇인지, 어떤 일이 일어나기를 기대하는지 확인하는 기술은
환자가 자신의 이야기의 중요한 부분들을 말하도록 돕는 기술이다. 이는 개
인적이고 감정적이며 맥락에 대한 정보로서, 의사인 당신이 환자가 전적으로
공감하는 최종 이야기를 공동 창작하는 데 도움이 될 것이다. 또한 환자의 염

려를 조기에 확인하면 진료상담에서 훨씬 뒤에, 상담이 끝나가는 마지막 순간에 발생할 문제들을 피할 수 있다(Marvel et al., 1999).

요약

요약은 스토리텔링에서 유용한 도구이다. 그것은 환자에게 의사가 계속 듣고 있었음을 보여 준다. 또한 두 사람 모두가 지금까지의 이야기에 만족하고 있음을 확인하게 한다. 의사들은 종종 요약이 진료상담의 종료를 위한 것이라고 생각한다. 하지만 "요약은 일찍 그리고 자주 하라."라는 격언은 좋은 말이다. 때로 환자가 요약하게 하는 것도 생각해 보자. 이 방법은 기존의 의사에게 쏠린 힘의 균형에 변화를 줄 수 있다.

이정표 세우기

이정표 세우기(signposting: 진료상담에서 다음에 의사가 무엇을 할 것인지를 환자에게 명확하게 말하는 것)는 내러티브 기술이다. 그것은 의사가 말하려 하는 전문적 이야기, 대부분의 환자가 익숙하지 않은 풍경으로 따라오게 안내하는 장치이다. 개방형 질문을 하다 더 집중된 혹은 폐쇄형 질문으로 변경하려 한다는 것을 알려 주기 위해 이정표 세우기를 사용할 수 있다. 예를 들면, "감사합니다. 이제 무엇이 문제인지 확인하기 위해서 몇 가지 아주 구체적인 질문을 하려 합니다. 괜찮겠습니까?" 이 말은 이제 당신의 전문적 이야기에 초점을 맞추겠다고 허락을 요청하는 아주 정중한 방법이다. 만약 진료상담에서 이 전환이 세심하게 설명과 더불어 도입되지 않으면, 의사는 지배하려는 듯 무례하게 보일 수 있고, 환자는 종종 혼란스러울 수도 있다. 예를 들어, 환자가 자신의 피부 문제와 성생활 사이에 아무 관련성을 알지 못할 때 의사가 갑작스럽게 환자의 성생활 이력에 대해 물어보기 시작한다든가 하면 말이다.

단서

진료상담 중에 환자는 언어로 혹은 비언이로 신호, 즉 단서를 준다. 그것들은 미묘하지만 진료상담에서 매우 중요한 순간일 수 있다. 의사로서 우리는 그것을 놓치고 싶어 하지 않는다. 이런 단서들을 알아차렸을 때 그것을 상담에서 언급하는 것은 도움이 된다. 왜냐하면 그것들은 환자가 아직 하지 않은 이야기의 중요한 부분, 환자들이 결코 하지 않을 수도 있는 이야기로 이어질 수 있기 때문이다. 예를 들어, 환자가 '걱정된다' 혹은 '스트레스를 받는다'는 말을 한 번 이상 반복하면 그것이 단서가 될 수 있다. 환자는 자신이 스트레스와 관련된 병을 가지고 있을지 모른다는 자신의 걱정을 어떻게 표현해야 할지 모르고 있을 수 있다. 이런 경우, 이렇게 말할 수 있다. "지금 보니 '스트레스'라는 말을 여러 번 사용하시는군요. 그것이 당신이 걱정하시는 것인가요?"

환자가 말하는 이야기들이 늘 '밖으로 크게' 말해지는 것은 아니다. 많은 단서가 비언어적이다. 내러티브의 용어로 말하자면, 단서에 주의를 기울이는 것은 환자 이야기의 하위 텍스트에 관심을 두는 것이다. 이 하위 텍스트는 종종 말해진 이야기 자체만큼이나 많은 것을 말해 주는 백지 공간이다. 예를 들어, 환자가 멍하니 빈 공간을 응시하면서 한 순간을 보내면[네이버(Neighbour)는 이것을 내적 탐색이라고 부른다], 당신은 그에게 탐색할 시간을 준 다음, 바로 직전에 무슨 생각을 했는지 말하고 싶은지 환자에게 물어볼 수 있다(Neighbour, 2004). 환자가 막 눈물을 흘리려 하면, "제가 보니 우리가 XYZ에 대해 논할 때 마음이 좀 힘드셨나 봅니다. …… 그에 대해 이야기를 나누고 싶은가요?"라고 말할 수 있다.

이 모든 기술은 환자가 자신의 이야기를 하게 돕고, 그들의 이야기에 주의를 기울이고, 그들과 함께 건설적인 이야기를 만들어 낸다는 차원으로 다룰 수 있다. 하지만 특히 진료상담에 대한 내러티브 관점이 주는 이점에 더 초점을 맞추려는 시도가 있다. 일반의(GP)면서 가족치료사(family therapist)인 존 러너(John Launer)는 내러티브 기반의 진료상담 모델을 설명한다.

러너는 내러티브 기반 접근법을 위한 유용한 개념적 작업 틀을 다음과 같이 설명하면서, 이를 일곱 가지 Cs(Launer, 2002)라고 부른다.

- 대화(Conversations): 대화는 현실을 묘사만 하는 것이 아니다. 대화는 현실을 창조할 수 있다. 대화는 그 자체로 개입이라고 생각할 수 있다. 러너와 그의 팀은 '변화를 불러일으키는 대화'를 위한 기술을 가르친다. 그것은 연결점과 차이점, 새로운 선택과 새로운 현실을 탐색하는 대화 기술이다.
- 호기심(Curiosity): 호기심을 가지면 환자가 그들의 이야기를 재구성하게 초대할 수 있다. 호기심은 사람, 비난, 해석, 사실에 중립적이다.
- 맥락(Contexts): 이 부분이 바로 의사의 호기심이 집중되어야 하는 곳이다. 즉, 가족(심리학적 가계도는 많은 도움을 준다.), 병력, 믿음, 가치 등이다. 의사인 당신의 맥락은 무엇일까? 당신에게서 환자는 무엇을 기대할까?
- 순환성(Circularity): 이 말은 환자가 원인과 결과라는 선형적 개념에서 그리고 변경 불가능한 문제에서 벗어나 그 대신 의미에 초점을 맞출 수 있도록 도와주자는 개념이다. 이를 위해 순환적인 질문(환자가 사용하는 단어에 기반을 둔 질문, 세상을 설명하기보다는 묘사하는 관점을 촉진하는 질문)을 사용할 수 있다.
- **공동구성(Co-construction)**: 당신이 환자와 같이 하려는 것은 사람들이 자신이 지금 겪고 있는 것을 더 잘 이해하게 하는 이야기를 만들고 현재의

현실보다 더 나은 현실을 만드는 일이다.

- **주의(Caution)**: 자신이 가진 자원에 대해 비현실적이지 말고, 다른 사람의 부족을 은폐하지도 말자. 환자를 걱정으로 흥분시키거나 겁먹게 하지 말자.
- **돌봄(Care)**: 러너는 이것이 선 과정에서 가장 중요하다고 본다. 이것이 없으면 아무것도 일어나지 않기 때문이다.

러너는 또한 환자의 이야기를 이해하는 데 도움이 되는 매우 유용한 기술들을 설명한다(Launer, 2002). 이 기술들은 개입하는 인터뷰(interventive interviewing)라는 개념에 기반을 두고 있다. 이는 1980년대에 밀라노 가족치료사 팀(Milan team of family therapists)에 의해 처음 상정되었고, 이후 캐나다의 심리학자 칼 톰(Karl Tomm)에 의해 더 발전된 개념이다. 러너는 '개입하는 인터뷰'라는 용어 대신 '변화를 불러일으키는 대화(conversations inviting change)'라는 용어를 더 선호한다. 이 기술은 네 가지 주요 유형의 질문들 사이를 움직이는데, 이에는 선형 질문들(환자를 처음 볼 때 하는 사실에 대한 질문들, 예를 들면, 전체적인 병력, 신체 진찰 등), 전략형 질문들(특정 방향으로 사람들을 움직이기 위해 고안된 질문들. 예를 들면, "이렇게 해 보시면 어떨까요?"), 순환형 질문들(이전 내용 참조. 세계가 선형적 원리보다 순환적 원리로 작동하는 방식에 관심을 끄는 질문들) 그리고 성찰형 질문들(특정 종류의 순환적 질문들로서 친숙한 경험을 새로운 방식으로 생각하도록 사람들을 이끄는 질문. 예를 들면, "체중을 좀 줄이면 당신의 상황이 어떻게 달라질까요?")이 있다.

밀라노 팀과 톰 그리고 그들의 추종자들은 다른 두 가지 핵심 원칙도 강조한다. 언어 따라가기(tracking language: 환자가 사용하는 바로 그 단어를 포착해서 사용하는 것)와 피드백 따라가기(following feedback: 당신 머릿속에 있는 생각이 아닌 환자가 방금 말한 내용을 토대로 질문하는 것)가 그것이다.

환자들이 이야기하는 방식을 이해하기 위한 모델

내러티브 의학 운동은 의료에서 대단한 철학적 개혁이다. 방금 설명한 실용적인 기술들과 원칙들은 진료상담실에 이론적이고 개념적인 진정한 도움을 줄 수 있다. 하지만 의사들과 의료 전문가들 중에서 환자가 그들의 이야기를 어떻게 하는지에 대한 감각을 가지고 있는 사람은 얼마나 될까? 우리는 이야기의 기본적인 요소들을 인식할 수 있을까? 불완전한 이야기에서 무엇이 빠져 있는지 이해할 수 있을까? 우리가 이야기들을 다루고 있다면, 그것이 어떻게 생겼는지 알아야 하지 않을까? 진료상담을 하는 의사들에게 실질적인 도움이 될 수 있다고 생각되는 내러티브 모델이 있다.

1960년대와 1970년대 뉴욕에서 수백 건의 자연스러운 대화들을 연구한 미국의 사회언어학자 윌리엄 라보브(William Labov; Lavov & Waletsky, 1967)는 완벽하게 형성된 자연스러운 개인의 내러티브는 여섯 가지 핵심 요소를 가지고 있다고 결론 내린다([그림 2-2] 참조).

[그림 2-2] 라보브의 개인 내러티브의 사회언어학적 모델에서 인용

출처: Labov & Waletsky (1967).

이 모델이 가진 장점과 한계에 대해, 특히 경험보다 사건에 중점을 둔다는 점에 대해 논란이 있지만(patterson, 2008), 라보브의 구조적 접근은 개인 내러티브 연구 분야에서 패러다임이 되었다. 대부분의 연구 조사자는 그것을 참조하거나 사용하거나 아니면 자신들의 용도에 맞게 조정한다(Langellier, 1989). 이 모델은 진료상담에서 환자들의 이야기를 연구하는 데 사용되어 왔으며(Clark & Mishler, 1992), 우리의 목적을 염두에 두고 보자면 그것은 진정한 개인적 내러티브들—대부분의 환자가 진료상담에서 말할 법한 유형—을 이해하기 위한 증거에 기반을 둔 출발점으로 보인다.

다음은 라보브의 모델의 여러 요소에 대한 설명이다. 의사들이 진료상담에서 그것을 어떻게 활용할 수 있는지에 관한 몇몇 제안도 같이 있다.

1. 개요[도입]

이것은 앞으로의 일에 대한 간략한 요약이다. 의료 환경에서 개요는 "선생님 머리가 아픈데요. 통증이 점점 더 심해지고 더 이상 참을 수가 없어요."와 같은 것이다. 환자들은 종종 이러한 요약문을 집에서부터 준비해 오거나 심지어 대기실에서 기다리면서도 준비한다. 이는 네이버가 '모두발언(opening gambits: 대화 동의)'[1]이라고 불렀던 것과 유사하다.

개요가 없거나 명확하지 않으면, 의사는 그 뒤에 오는 이야기를 무시하거나 오해하기 쉽다. 여기서 기술은 환자가 원하는 방식으로 자신의 말을 시작하도록 초대하는 첫 마디 말을 선택하는 것에 있다. 제대로 이해했는지 확인하기 위해 요약하기를 사용하기도 하고, 적극적 듣기, 즉 "계속 해 보세요……." 혹은 "그것에 대해 더 말해 보세요." 같은 고무적인 말로 환자가 자

---

1) 역주: 초반에 우세를 확보하기 위해 하는 말 혹은 행동.

신의 이야기 전부를 말하도록 격려한다.

2. 오리엔테이션[세부 사항]

이 조항은 '누가, 무엇을, 언제, 어디서'의 질문에 답하는 것이다. 환자들을 포함해서 우리 모두는 때때로 우리의 이야기를 할 때 이러한 세부 사항에 너무 많이 머무를 수 있다. "지난 주 목요일이었어요. 아니, 그랬나? 아니, 앤이 돌아온 날 바로 그날이었어요 등등." 세부 정보에 집착하는 환자들을 기분 상하지 않게 하면서 '빨리 앞으로 나아가게' 할 수 있는 방법이 있다. 예를 들어, "이 단계에서는 세부 사항에 대해 너무 걱정하지 마십시오. 정말로 다음에 무슨 일이 있었는지 알고 싶습니다."와 같은 말을 사용할 수 있다. 다른 한편으로, 의도된 의미와 감정을 전달하기 위해 어떤 세부 사항이나 특성 묘사가 아주 중요할 수도 있다. 그러므로 이 시점에서 성급하게 환자를 재촉하지 않도록 주의해야 한다. 중요한 맥락적 세부 사항을 놓칠 수 있다.

3. 복잡해지는 이야기[주요 사건]

이 부분이 내러티브의 핵심이며 이야기에서 '무엇이 발생했는가'를 알려주는 부분이다. 종종 일상 대화에서 이것은 단순히 의미가 있는 사건들의 연속(내러티브의 기본 정의)일 수 있다. 하지만 고전적인 이야기는 인물이 이끌고 나가며, 숄즈(Scholes, 1982)가 깔끔하게 설명한 것처럼 인식할 만한 요소들을 가지고 있다.

······일련의 사건을 이야기하거나 말하는 데 필요한 최소한의 세 가지 기본 요소:
① 몇몇 곤경, 갈등 또는 투쟁과 관련된 상황

② 목적을 위해 이 상황에 활발하게 참여하는 주인공

③ 그 안에서 곤경이 어떻게든 해결되는 플롯

고전적인 이야기에서 이러한 요소들은 [그림 2−3]과 같이 이야기 구조, 즉 플롯 안에 배열된다.

그렇다면 이것이 어떻게 진료상담에 도움이 될 수 있을까? 이야기에서 갈등이 일어나는 이유는 주인공(우리에게는 보통 우리의 환자)이 목표를 달성하지 못하게 방해하는 어떤 결여 혹은 방해물 때문이다. 그러므로 환자의 목표와 동기를 분명하게 하는 것이 종종 환자의 이야기를 이해하는 데 핵심적인 열쇠가 된다. 의사로서 갈등이 어디에서 오는지 파악하는 것 역시 아주 중요하다. 갈등은 외부의 원인(다른 사람들, 조직, 사람의 '외부'로 보이는 질병들)에서 나올 수도 있고, 내부의 원인(자존감 문제, 우울증 등)에서 비롯될 수도 있다. 우리는 환자가 어디로 가고자 하는지, 왜 그리고 무엇이 거기에 도착하는 것을 막고 있는지 알아야 한다. "오늘 당신을 위해 내가 할 수 있는 가장 도움이 되는 일은 무엇일까요?" 혹은 "당신에게 가장 도움이 되는 한 가지는 무엇일까요?" 같은 판에 박힌 말들이 중요한 이야기 갈등을 알아내고 막힌 것을

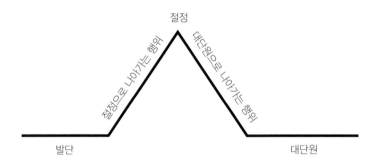

[그림 2−3] 프레이태그(Freytag)의 피라미드: 그의 극적 구조 이론을 나타냄

출처: Wikimedia commons(http://commons.wikimedia.org/wiki/File:Frey tags_pyramid.svg).

풀 수 있는 유용한 방법이 될 수 있다.

4. 해결[결말, 즉 대단원]

이야기의 마지막 중요한 사건을 말하는 부분이다. 결말이 항상 행복하지는 않다. 하지만 어떤 종류든 해결은 필요하다. 환자는 자신의 질병 이야기에 대한 어떤 해결을 찾기 위해 의사에게 오는 것일 수 있다. 환자와 함께 어느 정도 받아들일 만한 해결을 찾도록 도움을 주는 것이 의사의 임무이다. 때때로 환자는 이미 해결이 있는 혹은 그렇게 보이는 이야기를 할 수도 있다(예를 들어, "2주 전에 발진이 있었지만 지금은 사라졌습니다."). 그러면 의사는 이 이야기에 마무리가 필요한지, 환자가 어떤 종류의 결말을 기대하고 있었는지(그것은 진행되는 질병을 의미할 수도 있다), 또는 그것이 전혀 다르게 이야기되어야 할 이야기(예를 들어, 환자의 알레르기에 대한 이야기)인지를 이해하려고 노력해야 한다.

5. 평가[의미]

내러티브 모델의 이 부분은 이야기의 요점을 명확하게 하는 기능을 한다. '그래서요?'라는 질문에 대한 대답이다. 라보브는 평가를 "아마도 기본적인 서사 구절(narrative clause)에 부가된 가장 중요한 요소"라고 말한다(Labov, 1972). 그리고 리스먼(Riessman)은 그것을 "내러티브의 영혼"이라고 하면서, 우리에게 이야기의 요점이 무엇인지 말해 주고 화자가 어떻게 이해되기를 바라는지 보여 주는 것이라고 말한다(Riessman, 2002). 의사와 환자들에게 내러티브의 이 부분은 의미를 이해하는 데 핵심적이다. 예를 들어, "전에는 한 번도 나에게 이런 일이 일어난 적이 없었어요. 그러므로 뭔가 단단히 잘못된 듯

해요."라고 표현될 수도 있다. 하지만 때로는 전혀 표현되지 않을 수도 있다. 그럴 경우 환자와 함께 이야기의 의미를 도출하려고 시도하는 것이 바로 의사가 해야 할 일이다. 이 말은 그들의 ICE를 찾는 작업으로 번역될 수 있다. 하지만 훨씬 더 넓은 의미가 있을 수도 있다. 예를 들어, 그것은 가치에 관한 것일 수도 있다.

6. 종결부[되돌려 놓기]

이것은 내러티브가 끝났음을 나타내는 신호로서 이야기를 듣는 사람을 내러티브에 진입했던 그 지점으로 되돌려 놓는다. "어쨌든 나의 하루에 대해서는 그 정도면 되었고요. 당신의 하루는 어땠습니까?"라고 말하거나, 혹은 진료상담에서 "의사 선생님, 당신이 나를 도와줄 수 있을지 모르겠습니다……." 혹은 "아무것도 아닐 수 있고 당신의 시간을 낭비하고 싶지는 않지만, 어쨌든 오는 것이 낫다고 생각했습니다."와 같은 예가 가능하다. 의사들이 이러한 되돌려 놓기(hand-backs)를 알아차리는 것은 중요하다. 이것은 이제 의사가 말할 차례라고 환자가 우리에게 말하는 방식이다.

환자의 내러티브가 언제나 도표에서처럼 깔끔하고 선형적이지는 않다. 예를 들어, 라보브도 평가—다른 말로, 이야기가 무엇을 의미하는지에 대한 화자의 설명—가 종종 이야기의 끝에만 있는 것이 아니라 내러티브 구조 전반에 걸쳐 산재해 있음을 인정한다. 대부분의 의사가 알고 있듯이, 사람들은 때때로 자신의 이야기를 중간에서 혹은 끝에서 시작한다. 중요한 것은 요소들을 이해하고 개인적인 이야기를 하는 목적이 무엇인지 이해하는 것이다.

라보브의 방식과 같은 구조적 접근이 피상적 분석으로 이어질 수 있다고, 어떻게 말해지는가보다 무엇이 말해지는가에 너무 많이 집중함으로써 인간의 상호작용의 미묘함을 무시하게 한다고 말하는 사람들도 있다. 그러나 구조적 접근이 진료상담에서 사람들이 자신의 이야기를 어떻게 하는가에 대한 더 깊은 분석을 배제하는 것은 아니다. 사실 단서 포착하기, 준언어(paralanguage)나 신체 언어에 관심 두기 같은 더 심층적인 진료상담 기술들은 더 큰 내러티브 구조의 이해라는 맥락에서 더 잘 이해되기 시작하고 있다.

요약

의사와 환자 간의 진료상담은 이야기들의 만남으로 볼 수 있다. 진료상담 과정에서 일어나는 것에 대한 내러티브적 이해는 의사-환자 만남에 대한 새로운 통찰을 제공할 수 있으며 환자 중심의 협업적 접근을 장려할 수 있다. 의사들이 진료상담에서 이 내러티브적 관점을 최대한 이용하도록 인도할 실용적인 기법과 원칙들이 있다. 환자들이 자신의 이야기를 하고 만족스럽게 공유된 이야기를 공동 창작하도록 도움을 주는 기존의 진료상담 모델과 기술들이 그에 포함된다. 잠재적으로 또 하나의 유용한 도구는 라보브가 제안한 개인 내러티브 모델 구조이다. 이는 의사들에게 진정한 내러티브와 그것의 핵심 요소들을 식별하고 이에 참여하는 방법을 제공한다.

• 참고문헌 •

Beckman HB, Frankel RM. The effect of physician behavior on the collection of data. *Ann Intern Med.* 1984; 101(5): 692-6.

Clark JA, Mishler EG. Attending to patients' stories: reframing the clinical task. *Sociol Health Illn.* 1992; 14(3): 344-72.

De Silva D. *Evidence: helping people share decisions.* London: The Health Foundation; 2012.

Elwyn G, Frosch D, Thomson R et al. Shared decision making: a model for clinical practice. *J Gen Intern Med.* 2012; 27(10): 1361-7.

Halpern J. What is clinical empathy? *J Gen Intern Med.* 2003; 18(8): 670-4.

Hojat M, Louis DZ, Markham FW et al. Physicians' empathy and clinical outcomes for diabetic patients. *Acad Med.* 2011; 86(3): 359-64.

Labov W. *Sociolinguistic Patterns.* Philadelphia, PA: University of Pennsylvania Press; 1972.

Labov W, Waletsky J. Narrative analysis: oral versions of personal experience. In: Helms J, ed. *Essays in the Verbal and Visual Arts: proceedings of the 1966 Annual Spring Meeting of the American Ethnological Society.* Seattle, WA: American Ethnological Society; 1967, pp. 12-44.

Langellier KM. Personal narratives: perspectives on theory and research. *Text Perform Q.* 1989; 9(4): 243-76.

Launer J. *Narrative-based Primary Care: a practical guide.* Oxford: Radcliffe Medical Press; 2002.

Levinson, W. Physician–patient communication: a key to malpractice prevention. *JAMA.* 1994; 272(20): 1619-20.

Little P, Everitt E, Williamson I et al. Observational study of effect of patient centredness and positive approach on outcomes of general practice consultations. *BMJ.* 2001; 323(7318): 908-11.

Marvel MK, Epstein RM, Flowers K et al. Soliciting the patient's agenda: have we improved? *JAMA.* 1999; 281(3): 283-7.

Mercer SW, Reynolds WJ. Empathy and quality of care. *Br J Gen Pract.* 2002; 52 Suppl.: S9-12.

Mishler EG. *The Discourse of Medicine: dialectics of medical interviews.* Norwood, NJ: Ablex Publishing; 1984.

Neighbour R. *The Inner Consultation: how to develop an effective and intuitive consulting style.* 2nd ed. Oxford: Radcliffe Publishing; 2004.

Patterson W. Narratives of events: Labovian narrative analysis and its limitations. In: Andrews M, Squire C, Tamboukou M, eds. *Doing Narrative Research*. Thousand Oaks, CA: Sage Publications; 2008, p. 176.

Pendleton D, Schofield T, Tate P *et al*. *The New Consultation: developing doctor-patient communication*. Oxford: Oxford University Press; 2003.

Riessman C. Narrative analysis. In: Huberman A, Miles M, eds. *The Qualitative Researcher's Companion*. Thousand Oaks, CA: Sage Publications; 2002, pp. 217-70.

Roter D, Hall J. *Doctors Talking with Patients/Patients Talking with Doctors: improving communication in medical visits*. 2nd ed. Westport, CT: Praeger; 2006.

Scholes R. *Semiotics and Interpretation*. New Haven, CT: Yale University Press; 1982.

Silverman J, Kurtz S, Draper J. *Skills for Communicating with Patients*. 2nd ed. Oxford: Radcliffe Medical Press; 1998.

Sobel RJ. Eva's stories: recognizing the poverty of the medical case history. *Acad Med*. 2000; 75(1): 85-9.

Stewart M, Brown JB, Weston WW *et al*. *Patient-centred Medicine: transforming the clinical method*. Thousand Oaks, CA: Sage Publications; 1995.

Stewart M, Roter D, eds. *Communicating with Medical Patients*. Thousand Oaks, CA: Sage Publications; 1989.

3
환자 이야기,
의사 이야기

피오나 니콜Fiona Nicol

우리는 사물을 있는 그대로 보지 않는다.
우리는 사물을 우리 모습대로 본다.
아나이스 닌(Anaïs Nin)

어느 서점이나 환자들이 자신의 질병에 대해 쓴 책들이 있는
칸이 있고 의사들이 자신의 진료에 대해 쓴 책들이 있는 칸이 있다.
그들이 서로의 텍스트를 읽는 것, 그것이 내가 유일하게 바라는 바이다.
리타 샤론(Rita Charon)

우리 모두에게는 이야기가 있다. 우리를 오늘날의 모습으로 만든 이야기
가 있다. 그것이 좋든 나쁘든 우리는 자신의 모든 경험의 산물을 지니고 다니
며, 이것이 미래의 우리 행동을 수정한다. 우리의 삶은 우리가 개인으로서 겪
는 경험 위에 세워져 있다. 같은 경험이 각기 다른 사람들에게 각기 다른 방
식으로 영향을 준다는 것도 우리 모두는 알고 있다. 어떤 사람이 어떤 특정한
상황에서 행동한 방식에 대해 우리가 놀란 적이 얼마나 여러 번인가? 일반의
로서 나는 때때로 사람들의 언행과 태도에 더 이상 놀랄 수 없다고 느낄 때가

있다. 하지만 거의 매일 누군가의 행위에, 그들이 가장 가깝고 가장 사랑하는 사람들에게 숨기는 것에, 그리고 이러한 결정과 행동이 그들의 삶과 다른 사람들과의 상호작용에 미치는 결과에 나는 놀란다. 다른 사람들을 돕고자 하는 의사로서 혹은 의료 전문가로서 우리는 이러한 차이들을 인정하고 알아야 한다. 왜냐하면 환자들이 하나의 사직 공간에서 다른 공간으로, 이전에는 길이 막혀 있던 곳에서 앞으로 나아갈 길을 볼 수 있는 공간으로 움직여 가도록 도와주려는 것이 우리가 하고자하는 일이기 때문이다. 우리의 역할은 '때로 치유하고, 자주 경감해 주고, 언제나 위로하는 것'이다.

환자의 이야기는 왜 중요한가

환자들은 다양한 이유로 우리에게 온다. 그 이유 중 많은 부분은 엄격하게 의학적인 것은 아니다. 흔히 이러한 문제들은 의식적으로 혹은 무의식적으로 신체 증상으로 나타난다. 그 이유는 신체 증상이 있으면 도움을 요청할 수 있기 때문이다. 환자들에게 무슨 일이 일어나고 있는지 눈치를 채야만 그들을 충분히 도울 수 있다. 그래서 환자의 배경 이야기에 대한 통찰을 가지는 것이 중요하다. 만약 우리가 그렇게 한다면, 우리의 상호작용은 그들에게(그리고 우리에게) 훨씬 더 만족스럽고 생산적이 될 것이다. 우리는 환자와 협력 관계를 맺고자 하는데, 그 관계에서 우리는 이론적 의학 지식에 대한 전문가이고 환자는 자신의 몸, 마음, 배경 이야기에 대한 전문가이다. 환자들을 완전히 이해하게 되면 판단과 비난을 덜 하게 되고 공감을 더 하게 될 것이다. 연구 조사에 따르면, 환자들은 이해받는다고 느낄 때 의사의 말에 더 귀를 기울이고 충고에 더 잘 따른다(Charon, 2008). 우리가 진정으로 공감할 때 가장 효과가 있다.

배경 이야기

배경 이야기: 특히 문학 작품, 영화 혹은 드라마 시리즈에서 어떤 인물이나 상황의 역사나 배경 맥락을 제공해 주는 내러티브. 차이가 있다면 환자의 경우 그들의 배경 이야기는 허구가 아니다.

환자와 우리 의사들의 만남은, 단지 10분에 불과한 경우에도, 환자와 잘 이루어진 협력 관계 속에서 환자가 자신의 상황을 더 잘 다룰 수 있다고 느끼게 하면서 마무리되어야 한다. 피터와 엘리자베스 테이트(Peter and Elizabeth Tate)는 일반 진료에서 환자를 알아 가는 것이 벽돌집을 짓는 것과 같다고 설명한다(Tate & Tate, 2014). 환자를 볼 때마다 의사는 그 사람에 대한 지식의 집에서 또 하나의 벽돌을 쌓아야한다. 이러한 작업이 그들을 이해하는 데, 그들이 삶을 어떻게 다루는지 이해하는 데 도움이 된다. 여러 해 동안 진료를 하면서도 그 환자에 대한 완전한 지식의 집을 세우지 못할 수도 있지만 그들을 더 잘 이해하게 될 것이다. 병원에서 그리고 전문가로서 의사들이 환자에 대한 이런 지식을 구축할 기회는 보통 적다. 그럼에도 가능한 한 많은 자료를 사용해서 그들에 대한 정보를 최대한 사용해야 당신의 시간을 가장 효율적으로 사용할 수 있다.

환자의 이야기는 진료상담 동안 그들과 우리의 상호작용에 영향을 준다. 진료상담은 치유 과정의 핵심이다. 보통 대면상담이 이루어지지만, 전화, 이메일 혹은 문자로 이루어지는 경우도 늘고 있다. 만약 환자의 얼굴을 직접 보고 있지 않다면, 환자에 대한 부정확한 가정으로 결론 내리게 되는 것을 피하기 위해 그들의 이야기에 대해 충분한 정보를 얻는 것이 훨씬 더 중요하다. 기침 때문에 온 누군가와의 겉으로 보기에 단순한 진료상담에서도 그들이 진료를 받으러 온 이유를 충분히 이해해야 한다. 환자는 이 기침이 평소보다 더 오래 지속되어서 항생제가 필요한 '심각한' 감염이 아닐까 두려워할 수도 있다. 만약 어린 시절에 기침이나 감기에 걸렸을 때마다 의사에게 가서 무엇인가 처방을 받았고 그것의 효과(시간이 경과하면 자연히 치유되는 바이러스성 질환처럼)를 경험했던 환자는 어른이 되어서도 같은 방식을 기대할 수 있다. 만약 환자가 얼마 전에 말기 폐암을 앓은 아버지를 간호했던 경험이 있다면, 그들은 이 기침이 폐암 때문일 가능성을 걱정하고 있고, 의사가 그것을 찾아내 드러낼까 봐 두려워하고 있을 수도 있다. 이러저러한 생각들은 그들의 과거 경험에 의해 영향받고 있는 것이다.

헬먼의 민속학 모델

세실 헬먼(Cecil Helman)은 수년간 일반의로도 일했던 의학 인류학자이다 (Helman, 2006). 그는 건강과 질병에 관련된 문화적 요인들을 살펴본 후, 다음 여섯 가지 질문에 대한 답을 구하기 위해 환자가 의사에게 온다고 말했다.

① 무슨 일이 일어났는가?
② 왜 그런 일이 일어났는가?
③ 왜 나에게?
④ 왜 지금?
⑤ 그것에 대해 아무 조치를 취하지 않으면 어떻게 될까?
⑥ 그것에 대해 내가 무엇을 해야 하며, 더 도움을 받기 위해 누구와 의논해야 할까?

이는 진료상담을 과업 지향적으로 보는 견해이며, 단지 순수하게 의학적인 모델을 통해서가 아니라 환자의 눈을 통해 문제에 초점을 맞추게 한다.

　더 행동주의적인 진료상담 스타일을 보려면, 에릭 번(Eric Berne)의 인간정신 모델을 사용할 수 있다(www.ericberne.com/transactional-analysis, 2016년 3월 접속). 이 모델은 정신이 세 상태 중 하나로 존재한다고 본다. 즉, 부모, 성인, 혹은 아이이다. 어떤 순간이든 우리 각각은 이러한 상태 중 하나의 마음 상태에 있고, 이것이 우리가 생각하고 느끼고 반응하는 방식을 지배한다. 우리는 비판적이거나 돌보는 부모일 수도 있고, 논리적인 어른 혹은 즉흥적이고 의존적인 아이일 수도 있다. 전통적인 진료상담 모델은 부모 같은 의사와 아이 같은 환자 모델이다. 이 모델이 늘 양쪽 모두에게 이로운 것은 아니다. 이 모델을 깨뜨린다는 것은 우리가 우리와 환자 둘 다 어떤 마음 상태에 있는지 인정할 필요가 있다는 의미이다. 만약 의사와 환자 둘 다 부모가 되려 한다면 둘 사이의 만남은 제대로 기능하지 않을 것이고 비생산적일 것이다. 대부분의 환자에게 진료상담은 어른과 어른의 상호작용이 이상적일 것이다.

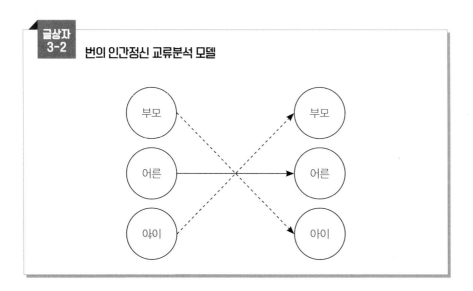

글상자 3-2 번의 인간정신 교류분석 모델

과거의 경험

의사를 전능한 존재로 간주하도록 양육된 환자라면, 진정으로 공동치료를 하는 양방향적 성인으로서의 과정에 참여하는 것을 매우 어려워할 수 있다. 의사는 가장 잘 아는 사람이라고 믿고 있는 환자라면 의사가 자신을 아이처럼 돌보는 부모처럼 행동하기를 원할 것이다. 이런 환자들이 바로 의사가 선택 사항들을 제시했을 때 당신이라면 개인적으로 어떤 치료를 받겠느냐고 다시 의사에게 질문하는 환자들이다. 앞으로 나아갈 방향에 대해 그들이 가지고 있는 진짜 생각을 풀어내기는 정말로 어려울 수 있다. 그럴 경우, 의사는 흔히 자신이 가장 좋다고 생각하는 방법을 제시하게 된다. 만약 결과가 환자에게 좋지 않다면 환자는 오도 가도 못하고 더 이상 앞으로 나아가지 못하게 되고, 그러면 의사인 당신은 자신이 그 상황을 다룬 방식이 부적절했나 하는 느낌을 가지게 된다. 환자 이야기 안에서 우호적인 존재가 되려고 의사가 과도한 보상을 하려 할 수도 있고, 환자가 아무 설명도 없이 의사를 보러 오지 않을 수도 있다. 두 경우 모두 그 결과는 의사나 환자 둘 다에게 이상적이지 않다. 반대로, 환자가 자신을 좋아했으면 하는 의사가 환자의 행동에 대해 제대로 대응하지 못하는 경우도 있다. 이러한 의사들은 자신이 아이이고 환자가 비판적인 부모처럼 행동하도록 허용한다. 만약 우리가 우리 자신에게 솔직해 보면, 우리는 모든 환자가 자신을 좋아하기를 원한다는 사실을 인정할 수 있다. 우리 대부분은 환자를 돕는 일이 늘 그들이 원하거나 기대하는 대로 해 줄 수 없을 수 있다는 생각을 하지 못하고, 그저 사람들을 돕고자 이 직업을 택한다. 이때 환자의 이야기는 자신이 의사에게 특별한 존재여서(그렇다고 아주 강력하게 믿기도 한다) 한 달에 한 번 병원을 방문하는 것이 아주 중요하다는 것일 수 있다. 이 이야기는 의사를 규칙적으로 보아야 할 필요성 때문에 더 강화된 이야기, 즉 자신의 건강이 얼마나 나쁜지 친구들에게 말할 수 있는 이야기가 되기도 한다. 어떤 경우에는 의사를 의식적으로 혹은 무의식적으로 조종하려는 환자도 있다.

글상자 3-3

최근 당신에게 선물을 가져다준 환자에 대해 생각해 보자.

- 그것은 무엇이었나?
- 언제 그랬나?
- 선물을 준 이유는 무엇이었나?
- 왜 당신에게 주었나?
- 왜 그때 주었나?
- 선물 대신 당신에게 원한 것은 무엇이었을까?
- 환자가 당신에게 선물을 주었을 때 그들과 당신 사이의 상호작용에 대해 환자가 스스로에게 말한 이야기는 무엇이라고 생각하는가?
- 이런 상황이 진료상담에 어떤 영향을 미쳤는가?

네이버는 서로 중복될 수도 있고 아닐 수도 있는 두 탐구 영역이 의사들에게 어떻게 존재하는지 설명한다(Neighbour, 2004). 의사는 진단과 치료 계획을 세우기 위해 임상적 정보가 필요하다. 환자는 자신이 필요한 모든 정보를 전달했다고 느껴야 한다. 만약 의사가 이 과정을 축소시키면, 환자들은 그들이 적절하게 관심을 받지 못했다고 느낄 수 있다. 진단을 위한 임상적 평가는 비록 어렵기는 하지만 우리가 학부 과정 대부분을 투자한 분야이므로 크게 문제가 되지는 않는다. 하지만 모든 의사는 이 외에 건강 문제가 야기된 상황과 그것이 환자에게 지금 어떤 영향을 주는지 알아내는 능력을 개발할 필요가 있다. 우리는 모두 우리에게 일어나고 영향을 미치는 사건에 의미와 중요

성을 부과하려 한다. 환자는 자신들에게 묻는다. "이 새로운 경험이 나의 개인적 상황의 구도 어디에 맞는가?" 의사는 늘 스스로에게 물어야 한다. "이 문제는 이 사람에게 무엇을 의미하는가?" 바로 이러한 호기심, 우리 모두가 공유하는 인간적이고 문화적인 유산과 결합한 호기심이 환자와 의사의 만남을 더 적절하고 효과적으로 만든다.

선천성 또는 후천성

우리는 우리의 출생에 대해 개인적으로 의식하지는 못한다. 하지만 그에 대한 이야기를 듣게 될 것이며 우리 부모가 우리를 어떻게 다루었는가에 따른 불가피한 영향을 인식하게 될 것이다. 부모들은 우리의 탄생을 하나밖에 없는 독특한 것으로 경험하였고 그들 자신의 개별적 방식으로 그것을 경험하고 그 경험에 대해 그리고 우리에 대해 반응할 것이다.

환자의 믿음과 동기는 그들이 의사의 충고와 제안을 받아들일지 혹은 거절할지에 영향을 준다. 이러한 부분은 의사의 통제하에 있지 않다. 여기서 ICE를 사용하는 진료상담 모델이 개발되었다.

- I(Ideas, 생각)
- C(Concerns, 걱정)
- E(Expectations, 기대)

글상자 3-4

당신이 알고 있는 일란성 쌍둥이를 생각해 보자.

- 그들을 구별할 수 있는가? 어떻게 구별할 수 있는가?
- 미묘한 신체적 차이가 있는가?
- 정신적인 차이 또는 감성적인 차이가 있는가?
- 쌍둥이가 유전적으로 동일하다면, 이러한 차이는 어디서 왔는가?
- 쌍둥이들은 서로를 어떻게 보는가?
- 이것이 그들의 행동에 어떤 영향을 주는가?

글상자 3-5

다음과 같은 상황에서 태어난 아기들이 어떻게 성장할 수 있을지 생각해 보자.

그들은 자신을 어떻게 생각할 것인가?

그들은 자신을 어떤 사람으로 보게 될 것인가?

그들은 자신들이 무엇이라고 스스로에게 말할까?

- 각각 36세와 37세인 존과 소피는 둘 다 전문직에 있으며, 결혼한 지 10년이 되었고 5년 동안 임신하려고 노력하다가 체외수정(IVF)을 시도하게 되었다. 세 번의 실패 끝에 마침내 임신한 소피는 매우 기뻐했다. 임신과 동반된 합병증은 고혈압과 간헐적인 질 출혈이 있었다. 30주에 조산아를 분만했고, 아기는 집에 돌아가기 전 4주 동안 특별 관리되는 베이비 유닛(baby unit)에 있었다. 소피는 모유 수유를 하려고 애썼지만 여의치 않아 분유를 먹이게 되었다.
- 크리스탈은 16세이다. 그녀는 편모인 어머니와 정부 혜택을 받으며 함께 살고 있다. 그녀는 형제도 없고 어머니도 그녀에게 관심이 없다고 느꼈으며 따로 교류가 있는 가족도 없다. 그녀가 사귄 여러 남자친구는 그녀를 동료나 친구로 여기기보다 다른 사람에게 자랑하기 위한 전리품 정도로 여기곤 했다. 그들 중 한 명을 통해 임신을 하게 되지만 누구 아이인지 확실하지 않다. 그녀는 '누군가를 사랑하고 싶기 때문

에' 아기를 키우고 있다. 산전 진료를 거의 받지 않았지만 그럼에도 별 문제없는 임신이었고, 달을 채워서 정상적인 출산을 하였고 아기의 몸무게는 적절했다. 분유 수유가 잘 자리잡힌 상태로 퇴원하였다.

- 크리스와 제인은 둘 다 30대 중반이고 결혼은 하지 않았다. 16세 때부터 서로를 알았던 그들은 3세부터 9세까지의 아이들이 네 명이다. 크리스는 콜센터에서 매니저로 일하고 그들 부모님들 근처에 살고 있다. 제인은 가정을 돌보는 주부이면서 농시에 지역 초등학교에 다니는 다른 두 명의 아이들을 돌보는 보육사이기도 하다. 그녀는 자신을 '대지의 어머니'로 여기며, 그 지역의 많은 아이가 그녀의 집에서 놀고 그녀가 만든 것을 먹는 것을 좋아한다. 조산사가 그녀의 다섯 번째 아이를 집에서 아무런 합병증 없이 받았다. 모유 수유가 신속히 이루어졌으며 아기는 바쁜 가정생활의 중심인 주방에서 잘 자라고 있다.

〈글상자 3-5〉에 있는 짧은 이야기들은 우리의 출생 방식, 가족 안에서 우리의 위치, 우리 부모가 어떤 유형의 사람인지 등이 개인으로서의 우리에게 어떤 영향을 미칠지 잘 보여 준다. 우리의 부모는 또한 그들이 자신을 어떻게 보는가에 의해 그리고 그들이 양육되면서 받은 영향으로 형성된 믿음에 의해 영향을 받는다. 당신 자신의 학창 시절을 생각해 보자. 동급생들, 더 어린 아이들, 더 나이 많은 아이들과 어떻게 지냈는가? 학교 생활은 행복했는가? 학창 시절로 돌아가고 싶은가 아니면 학창 시절을 떠난 것에 깊이 기뻐하고 있는가? 선생님들은 당신을 어떻게 생각했고 당신에게 어떤 꼬리표를 붙여 주었는가? 당신은 장난꾸러기, 열심히 공부하는 학생, 느리지만 꾸준하게 노력하는 사람이었는가 아니면 이간질하는 사람이었는가? 우리는 모두 꼬리표를 지니고 있으며, 그 꼬리표와 더불어 살기를 배우거나 아니면 오랜 시간 그것을 거부하고 새로운 것, 우리 자신에 대한 우리의 견해에 어울리는 꼬리표를 얻고자 한다. 그러한 시도에 얼마나 성공하는가가 우리에게 더욱 영향을 준다.

누가 우리의 친구들이었는가? 그때 우리가 되고 싶은 유형을 이미 결정했고 같은 유형과 어울리기 위해 그들을 찾았는가 아니면 그것을 깨닫지 못하고 유사한 생각을 가진 다른 개인들과 어울렸는가? 우리는 매우 사교적이어서 많은 친구를 사귀었고 많은 친구 집단에 속해 있었는가 아니면 고립되어 있었고 다른 사람들을 꼭 필요로 하지 않는 고독한 사람이었는가?

우리는 상식 퀴즈 참가자로는 우선적으로 선발되고 축구팀 선발 선수로는 가장 나중에 선택되는 사람이었는가 아니면 그 반대였는가? 우리 자신에 대해 우리 스스로가 말한 것은 정말 진실인가? 우리는 친구를 사귀는 것과 사람들 집단의 일부가 되는 것이 매우 어려웠다는 사실을 스스로에게서 숨겼는가? 우리는 이러한 상황이 야기한 많은 복잡한 감정에 어떻게 대처했는가? 우리는 괴롭힘을 당하고, 위협을 받고, 심지어 학대를 당했는가?

글상자 3-6

산드라는 1960년대에 중산층 부부에게 태어난 두 자녀 중 한 명이다. 그녀의 동생 제임스는 다섯 살 어렸다. 아버지는 현지 공장의 매니저였고 어머니는 지역 변호사의 사무실에서 파트타임으로 일하는 비서였다. 초등학교에서 산드라는 항상 반에서 상위 5등 안에 있었고 어려움 없이 동급생 집단에 어울리고 읽고 쓰기를 배웠다. 산드라는 사교적이었고 급우들에게 인기가 있었다. 동생 제임스는 산드라를 처음 가르친 같은 선생님, 같은 학교에서 공부를 시작했다. 어느 날 그는 선생님이 자신을 데리러 온 어머니에게 "안됐지만, 그는 산드라처럼 영리하지 못해요."라고 말하는 것을 들었다. 그는 자신이 어떤 방식으로든 이미 실패했다고 느꼈다. 그때 겨우 다섯 살이었다! 그의 부모님은 전문가의 도움을 받아 왜 그가 산드라만큼 빨리 읽고 쓰는 법을 배우지 못하는지 알아보려 하였고, 그는 난독증 진단을 받았다. 전문가들은 제임스가 실제로는 왼손잡이였다고 판단하고 왼손으로 펜을 잡도록 다시 가르쳤다. 이 모든 것은 그가 겨우 여섯 살인 1년 동안 일어난 일이다.

- 이 성장 경험이 제임스의 장기적 자기인식 형성에 어떤 영향을 미쳤을지 생각해 보자.
- 이 경험이 그 당시에 그리고 미래에 선생님이나 부모님과의 관계에 어떤 영향을 미쳤을까?
- 그가 너무 어려서 자신에 대한 이러한 언급들에 대해 충분히 알지 못했을 것이라고 생각한다면, 이것이 항상 사실일지 생각해 보자.
- 자신에 대한 제임스의 믿음이 그가 어른이 되었을 때 어떤 사람이 되었는지에 그리고 질병을 포함한 어려움을 어떻게 대처하는지에 어떤 영향을 미쳤을까?

우리는 부모님과 어떤 관계를 맺었는가? 우리는 전적으로 있는 그대로의 우리 모습으로 진정으로 사랑받고 받아들여졌다고 느꼈는가 아니면 우리 부모가 우리에 대해 가지고 있는 이상에 맞추라는 명백한 혹은 미묘한 압력을 느꼈는가? 우리는 성숙한 성인인 지금에도 그들과의 관계에 대해 솔직하게 되돌아볼 수 있는가? 우리는 우리를 위한 그들의 생각을 거부했는가 아니면 그들의 소원과 위태로운 생각에 맞추는 것이 우리 스스로를 전복하는 것임을 알면서도 그것들을 받아들였는가? 우리 형제들은 어떠했는가? 그들은 자신들이 누구라고 생각했고, 가족 안에서 자신들을 어떻게 보았는가? 그것이 가족 단위 안에서 그들과 우리의 관계에 어떤 영향을 주었는가?

우리의 가정 교육과 과거 삶의 경험은 우리의 행동에, 특히 우리가 아프거나 우리 자신이 아프다고 믿을 때 행동하는 방식에 영향을 준다. 당신이 주로 머리를 사용하고 생각을 많이 해야 하며 다른 사람들과 교류를 할 기회가 많은 그런 하루를 보낸다면, 생산 라인에서 일하는 사람들이 하루를 어떻게 느끼는지, 당신이 누리는 정신적 자극 없이 그들이 어떻게 하루를 보내는지 의아할 것이다. 그들은 자신을 그들이 제조하는 최종 제품을 생산하는 기계의 일부로 보는가, 단지 목적을 위한 수단으로 보는가? 이 모든 사건은 잠재의식

속에 자리잡고 그 사람의 '배경 이야기'의 일부가 된다. 사람들은 명백하게 진실이 아닌 많은 것을 믿는다. 그러나 진실이든 아니든 어떤 것이 진실이라고 정직하게 그리고 잘못 믿고 있는 것은 관련된 사람에게 영향을 미친다. 그들은 자신을 실패자로, '나쁜 일'이 일어나는 사람으로 볼 수 있고, 또한 이러한 사건들이 운명에 의해 결정되어 자신들이 통제할 수 없다고 볼 수도 있다. 또 다른 사람들은 자신이 매우 강력하여 자신의 운명을 전적으로 통제한다고 보기도 한다. 어떤 사람들은 일이 잘못 될 때조차도 그들을 돌보는 수호천사가 지켜보고 있다고 믿는다. 이러한 극단적인 입장들이 심각한 질병에 대한 사람들의 반응에 어떤 영향을 미치는지 알기는 어렵지 않다. 우리 모두는 우리의 배경 이야기의 사건들에 의해 형성된 성격과 성품을 가지고 있다. 우리는 우리에게 어떤 일이 일어나고 있는지 스스로에게 말한다. 그리고 이것이 다시 우리의 기분에 그리고 사건의 결과에 영향을 미친다.

> **글상자 3-7**
>
> 최근 정말 잘되었거나 정말 나빴던 진료상담을 생각해 보자.
>
> • 환자는 어떻게 묘사될 수 있는가?
> • 환자는 당신을 어떻게 묘사할까?
> • 당신 자신과 환자를 묘사하는 형용사 다섯 가지를 생각해 보자.
> • 무엇 때문에 이 상담이 잘되었거나 나쁘게 되었는가?
>
> 이 조건들은 당신이 환자를 인터뷰한 상황이나 그당시 당신이 자신에 대해 가졌던 생각에 따라 달라질 수 있다. 장기적으로 형성된 당신의 성격과 성품을 묘사할 때 어떤 용어를 사용하는가? 동료들은 당신의 의견에 동의할까? 아니면 다른 사람들은 당신을 어떻게 묘사할까?

어떤 사람들은 비난을 받아들인다. 그들은 스스로에게 자신이 결코 성공하지 못할 것이라고 말한다. 하지만 우리는 그들이 성공을 어떻게 정의하는지 이해할 필요가 있다. 성공에 대한 그들의 개념은 장대하고 비현실적이어서 스스로를 실패할 수밖에 없게 하고, 그래서 성공하지 못함에 대한 이야기가 계속되게 한다. 성공해야 한다고 말하지만 목표는 겸손한 사람들도 있다. 그들은 이 성공을 바탕으로 더 높은 그리고 더 높은 목표를 설정하여 늘 목표를 달성한다. 어떤 사람들은 일상의 문제들의 물결 아래로 가라앉는 반면, 다른 사람들은 자신의 문제를 넘어 극복한다.

글상자 3-8

동료와 함께 작업해 보자. 두 사람이 전문가로서 보았던 한 환자를 생각해 보자. 각각 따로 환자를 설명하는 5개의 문구를 적어 보고 그것을 비교해 본다.

- 어떤 용어들이 같고 어떤 용어들이 다른가?
- 각자가 그 특정한 개인과 가진 상호작용의 어떤 요소가 환자를 이런 용어로 묘사하게 했는가?
- 환자가 자신을 어떻게 묘사할지 상상해 보고 그에 해당되는 단어들을 써 보자.
- 환자의 묘사는 당신과 당신 동료의 묘사와 어떻게 다른가?
- 이러한 차이는 어디서 나오는 것일까?
- 환자 자신에 대해 당신은 모르지만 환자는 아는 것은 무엇인가?

종종 환자들에 대한 우리의 묘사는 이해에서 나오기보다 판단에서 나오는 듯하다.

자신의 죽음에 직면하는 모든 사람은 이러한 과거 경험에 영향을 받는다. 만약 수술이 불가능한 암이나 파킨슨병처럼 신경계의 만성 진행성 질병이 생겼을 경우, 환자들의 과거 경험은 그들이 이 도전에 응하는 방식에 영향을 미

칠 것이며, 또한 상황이 그들이 바라고 계획한 대로 진행되지 않을 때 반응하는 방식에도 영향을 미칠 것이다. 왜 어떤 사람은 상황이 나빠질 때 전적으로 받아들이는 듯하고, 왜 다른 사람들은 작은 일이 잘못되어도 격분하는지 이해하게 되면, 우리는 더 공감적이고 효과적인 임상의가 될 수 있다.

> **글상자 3-9**
>
> 동료들이 환자에 대해 사용하는 표현들을 생각해고 그것들을 적어 보자(예를 들면, 늙었다, 부서질 듯하다, 수다스럽다, 긴장하고 있다, 요구가 많다, 무례하다, 화가 나 있다, 아름답다, 거대하다, 지루하다, 재미없다, 미친 것 같다, 냄새가 심하다, 짖어대는 듯하다, 오만하다 등).
>
> - 환자들이 왜 그러한 표현들에 합당하게 보였는지 생각해 보자.
> - 실제 당신이 사용한 그 한 단어로 된 묘사 저변에서 그 환자가 어떤 느낌을 가지고 있었을지 간단히 생각해 보자.
> - 환자의 과거 경험이 이러한 상황에 어떤 영향을 미쳤을까?

의사는 환자의 이야기에 어떻게 들어가는가

우리는 사람들을 화나게 하려고 아침에 일어나 일하러 가는 것이 아니다. 그러나 사람들이 의사나 다른 의료 전문가들과 겪은 경험에 대해 이야기하는 것을 듣고 있자면, 마치 우리가 그런 경우인 듯하다. 때로 우리가 하려는 일과 실제 결과 사이에 거대한 간극이 있다. 진료상담을 받으려고 앉아 있는 환자들에게 우리의 영향은 좋은 것일 수도 있고 나쁜 것일 수도 있다. 우리 모두는 환자의 상황을 더 나쁘게 만들지 않고 도움을 주기 위해 노력한다. 우리는 환자의 이야기를 들으려 하지 않는다거나 간과하는 의사, 도움이 되지 않는 경우는 그나마 최선의 상황이고 최악의 경우 실제로 위험했던 치료를 강요했던 그런 의사로 환자의 이야기 안에 들어가기를 원하지 않는다.

지켜보기

아이오나 히스(Iona Heath)는 의사가 환자의 고통을 어떻게 지켜볼 것인지에 대해 이야기한다(Heath, 2008). 우리는 많은 것을 하지 못할 수도 있다. 정말로 우리는 문제를 과도하게 의료의 관점에서 보거나 아무 도움이 되지 않는 약물을 추가함으로써 상황이 더 나빠질 수 있는 곳에서는 개입하지 않고 지켜볼 수 있어야 한다. 환자의 이야기를 적극적으로 듣고 그들에게 일어난 일을 단순히 인정하는 것이 중요하다는 사실을 결코 간과해서는 안 된다. 이를 위해 우리는 리타 샤론(Rita Charon)이 '내러티브 역량(narrative competence)'이라고 부른 것을 개발해야 한다. 리타 샤론은 이를 다른 사람들의 곤경과 이야기를 인정하고 받아들이고 해석하고 그에 대해 행동하는 능력으로 정의한다. 그녀는 우리가 이 능력을 적극적으로 배워야 한다고 말한다. 많은 의사는 이미 이 능력을 무의식적으로 행하고 있지만 꼼꼼하게 문학 읽기를 배우고 반성적인 글쓰기를 채택함으로써 이 테크닉을 더 잘 인식하고 실천할 수 있다. 샤론은 내러티브 역량이 의료진들로 하여금 질병을 앓고 있는 환자들에게 다가 가서 같이할 수 있게 하고 의사들과 환자들과 동료들 사이의 틈에 다리를 놓을 것이라고 생각한다. 그녀는 이 역량이 존중받을 만하고 도움이 되며 공감하는 진료를 실천하기 위한 새로운 기회를 줄 것이라고 믿는다. 그녀의 작업은 내러티브 의학—환자들의 이야기를 더 잘 듣고 더 잘 귀 기울이게 되는 행위—이라고 불리는 영역을 만들어 냈다.

내러티브 역량

내러티브 지식이란 환자가 우리에게 하는 이야기의 의미와 중요성을 어떻게 이해할 것인가에 대한 지식이다. 이것은 우리가 환자의 상황을 더 깊게, 더 풍부하고 효과적으로 이해하게 하며, 한 사람을 '의학적'으로 이해하는 방식과 확연히 대조적이다. 의학 지식은 필수적이지만 감정에 좌우되지 않는 과학적 지식이며, 많은 다른 상황과 사람들에게 전반적으로 적용된다. 예를 들면, 우리는 급성 맹장염의 증상과 징후를 알고 있지만, 복부 통증을 호소하면서 우리 앞에 앉아 있는 개인의 맥락에서 이 사실적 지식을 사용해야 한다. 환자의 이야기 맥락 안에서 이 작업을 하게 되면 우리는 수술이 필요한 통증인지 아닌지에 대해 더 정확한 판단을 내릴 수 있다. 환자의 이야기에 귀를 기울이고 지켜봄으로써 환자가 일상이 잘 안 풀리고 꽉 막혀 있다고 느끼고 이것이 과민성 대장증후군을 악화시켰다는 것을 알게 되면 환자에게 훨씬 양호한 결과를 가져올 수 있다.

이야기를 하려면 듣는 사람이 필요하다. 이는 쌍방향 과정이다. 환자들이 자신의 말이 경청되지 않는다고 느낄 때 매우 불만스러워한다면, 이는 전혀 놀라운 일이 아니다. 의사들에 대한 많은 불평은 흔히 최초의 의사소통 실패에서 나오는데, 의사와 환자의 관계가 이러한 실패를 완전히 극복하기는 정말 어렵다. 참된 참여는 환자와 의사 둘 다를 영원히 변모시킨다. 그 변화는 작고 미묘하지만 존재한다. 일단 환자의 이야기에 충분히 참여하게 되면, 우리는 그들의 경험을 훨씬 더 잘 이해할 수 있게 된다.

정신분석가들은 환자들이 자신의 이야기를 서술하는 행위가 환자에게 중요한 치유적 행위라고 말한다. 이는 무질서와 그것에 의해 야기된 걱정을 묘사하는 단어를 찾으려는 시도가 무질서에 모습을 부여하고 질병이 야기한 무질서를 어느 정도 통제하기 때문이라고 말한다. 이야기에 귀를 기울이면서 우리는 각각의 상황이 화자에게 미쳤던 영향을 상상할 수 있다. 우리는 흔히 생물학적이고 사회적인 결과들, 즉 각각의 상황이 어떻게 그와 그의 가족, 친구, 동료들에게 영향을 미쳤는지 상상할 필요가 있다는 것을 간과하곤 한다. 우리는 또한 환자의 문화적 배경과 그것이 그들의 일상적 삶에 미치는 영향을 이해할 필요가 있다.

진정한 공감은 의사에게 영향을 미치고 또 딜레마를 일으킨다. 의사로서 우리는 객관적 견해를 가지기 위해 환자에게 너무 가까이 가는 것을 피하려 한다. 하지만 진정한 공감은 정서적 반응을 요구한다. 우리는 이 이분법을 의식하고 있어야 한다(Halpern, 2003).

내러티브 역량은 어떻게 개발할 수 있을까

샤론은 내러티브 역량을 기르려면 글로 쓰인 이야기에 다섯 가지 방식으로 접근해야 한다고 말한다(〈글상자 3-10〉 참조).

글상자 3-10

이야기를 분석하는 한 가지 시스템(샤론 참조)

- 프레임
- 형식
- 시간
- 플롯
- 욕망

프레임: 이것은 이야기의 범위이며 저자의 의도이다. 의학에서의 프레임은 종종 너무 꽉 조인 상태로 그려져서 우리는 아주 중요한 관찰들을 놓치곤 한다. 우리의 관심이 생물학적인 것에 제한되어 있기 때문이다. 우리의 참조 틀을 확장해서 환자 이야기의 모든 부분을 고려할 필요가 있다.

형식: 다음의 여섯 부분을 포함한다.

- 장르는 이야기의 유형이다. 예를 들어, 이것은 교훈적 이야기인가 아니면 서사시, 비극, 코미디, 우화 혹은 풍자인가?
- 시각적 구조: 이야기는 한 가지 시점을 갖는가 혹은 복잡한가?
- 화자: 누구의 관점으로 이야기가 말해지는가?
- 은유: 어떤 인류학자들은 모든 삶이 은유라고 생각한다. 인간의 두뇌가 그렇게 작동하기 때문이다. 이야기는 명백한 은유들을 가지고 있는가 혹은 화자가 사물을 어떻게 보는지에 대해 더 많은 것을 알려 줄 수 있는 하나의 커다란 은유인가?
- 어법: 이야기에 차용된 목소리의 음색과 스타일은 무엇인가? 난해하고 학문적인가 아니면 감정적이고 영향을 주려 하며 설득하려 하는가? 구어체로서 이해하기 쉽고 깊이가 적어 보이는가?
- 시간: 이야기는 어떤 시기를 다루는가? 이야기가 연대순으로 말해지는가 아니면 시기를 왔다 갔다 하는가? 사건을 말하는 순서는 사건의 상대적 중요성을 나타내는가?

플롯: 어떤 사건들이 이야기를 구성하는가? 그것들은 서로서로 어떻게 연결되어 있는가? 어떤 패턴이나 순서, 원인과 결과, 독자가 이야기를 보는 방법 등으로 연결되어 있는가 아니면 단지 우연적으로 연결되어 있는가?

욕망: 이야기를 읽음으로써 어떤 욕망이 만족되었는가? 이야기를 하는 사람 혹은 작가에게는 무엇이 만족스러운가? 이야기를 읽거나 들음으로써 내 안에 어떤 욕망이 깨어났는지 생각해 보자. 만약 당신이 자신의 필요와 갈망을, 이야기가 무엇을 성취했는지를 더 분명하게 확인할 수 있다면, 이는 글을 쓴 사람과 이야기를 하는 사람의 욕망을 반향하는 것일 수 있다.

물론, 글로 쓰인 텍스트를 면밀하게 분석하는 것과 환자의 이야기를 앉아서 듣는 것 사이에는 상당한 차이가 있다. 그러나 적극적 듣기를 배움으로써 우리의 중요한 능력을 연마한다면 우리는 환자의 이야기에 더 열린 상태가 될 수 있다. 적극적 듣기란 의미를 찾아내기 위해 우리 자신의 기억과 연상 속으로 탐색해 들어가고 우리의 창조력과 다른 사람들과의 경험을 사용한다는 의미이다. 때로는 화자의 이야기가 우리의 경험을 너무나 넘어선 것이어서 우리가 들은 것을 연결하거나 이해할 수 없어서 이 작업을 할 수 없는 경우도 있다. 그러면 우리의 역할은 단순히 환자의 고통을 지켜보는 공감적 청자의 역할을 하게 된다.

모든 의료 종사자가 직면한 문제는 시간의 부족이다. 일회성으로 환자를 보는 경우라면, 이 문제는 특히 어렵다. 환자가 동일한 문제로 많은 다른 의사의 진료를 받으러 다니는 경우, 일차 진료에서 치료의 연속성이 결여되면서 문제가 악화될 수 있다. 당연히 사람들은 자신의 이야기를 여러 번 거의 진전 없이 같은 것을 반복해서 말하면서 지치게 된다. 이는 환자가 응급실 접수원, 응급환자 선별 간호사, 수련의, 방사선사, 전문의 등에게 같은 이야기를 반복해야 하는 종합병원에서 특히 우려되는 문제이다.

우리는 치유적 관계를 발전시키는 더 강력한 방법을 찾아야 한다. 샤론은 내러티브 기술을 배우는 것이 이러한 필요에 대응할 수 있다고 주장한다. 일단 사람들이 가지고 있는 힘을 긍정하고, 그들의 약점을 인정하고, 자신이 경험하지 않은 고통에도 익숙해지고, 개인들을 진정으로 이해할 수 있게 되면, 우리는 현재의 의료 자원에 존재하는 대단히 강력한 도구를 효과적으로 활용할 수 있다. 이 도구는 바로 우리 자신, 즉 '의사'이다. 치료약인 '의사'의 힘을 처음 설명한 사람은 벌린트(Balint)인데, 우리는 내러티브 기술을 개발함으로써 우리 자신의 성품과 능력의 더 효과적인 사용자가 될 수 있다.

글상자 3-11 환자의 이야기

내게 정규적으로 진료를 받고 있는 아네트는 40세 모자 가정의 어머니이다. 그녀는 2개의 파트타임 청소 일을 하면서 열심히 살고 있었다. 남편은 5세도 안 된 두 아이를 남기고 떠났지만, 그녀는 아이들을 돌보고 그들이 독립된 성인으로 자라도록 최선을 다하였다. 내가 경험한 환자 중 가장 조절이 되지 않는 천식을 앓고 있던 그녀에게는 분명 집 먼지 알레르기가 있었기 때문에 청소일은 맞지 않았다. 그녀는 여러 해 동안 데포 스테로이드 주사(depot steroid, 천천히 분비되는 스테로이드 주사−역주)를 맞고 있었고, 그녀와 나는 데포 스테로이드 용량을 차차 줄여 가면서 흡입 스테로이드로 대체하고 급성 천식 발작에는 경구용 스테로이드를 사용하기로 합의했다. 그런데 스테로이드 주사 용량을 줄이려고 할 때마다 천식은 더 심해졌다. 병원 입원 치료, 경구용 스테로이드 용량을 낮추기 위한 대체 약제, 심지어 동종요법(homeopathy)까지 포함해 모든 것을 시도했지만, 어떤 것도 듣지 않았다. 실제로 그녀의 증상은 동종요법 병원에 일주일 동안 입원해 있을 때 그래도 가장 좋았다. 돌이켜 생각해 보면, 이 시기는 그녀가 아무 책임도 없이 자신이 양육되고 돌봄을 받는다고 느끼던 시간이었다.

나는 정서적 고충이 이 여성의 천식 악화와 동시적이라는 사실에 주목하였다. 다른 사람이라면 이런 현상에는 흡입하는 스테로이드 용량을 늘리거나 기관지 확장제를 규칙적으로 사용하면 된다고 이해했겠지만, 나는 내 책임하에 증상 악화에 대처하기 위해 스테로이드 주사량을 늘리고 있었기 때문에 그녀의 정서적 문제가 야기하는 신체적 변화를 너무나 잘 알고 있었다. 그녀는 해가 갈수록 더욱 불안정해지는 천식과 고용량 전신 스테로이드제에 의한 부작용을 견뎠다. 고혈압, 골다공증에 의한 골절, 말초혈관 질환 및 제2형 당뇨병 등 온갖 부작용을 겪었다. 그렇게 여러 해가 더 지난 후에는 거의 바깥 출입을 할 수 없는 상태가 되었다. 어느 날 또 한 번의 스테로이드 주사를 맞고 용량 감소에 대해 상의한 후 진료실을 나가려던 그녀는 갑자기 돌아서서 내게 말했다. "저의 딸에게 연락하고 싶어요." 그녀의 이야기에 대해 모두 알고 있다고 생각했었지만 딸에 대해 듣기는 이번이 처음이었다. "선생님께 딸에 대해 말한 적이 없었지요, 두려웠어요. 누구에게도 말 한 적이 없었거든요."

내가 그녀의 이야기에 충분히 귀를 기울이지 않았던 게 분명하다. 그녀가 비밀을 나에게 말해 줄 용기를 내는데 여러 해가 걸렸으니 말이다. 진료실로 그녀를 다시 들어

오게 했다. 그녀는 16세에 임신을 한다는 사실이 사회적으로 전혀 용납되지 않던 시기에 자신이 임신을 했다는 놀라운 이야기를 털어놓았다. 출산까지 그녀는 부모님 집에서 살았고, 집에서 멀지 않은 시골의 수녀원에서 아기를 출산했다. 아기를 낳고 24시간이 막 지났을 때 어머니와 아버지가 방문했다. 어머니가 침대 옆에 앉아 있을 때, 아버지가 아기를 데리고 복도로 나갔다. 몇 분 후 돌아왔을 때, 그는 더 이상 아기를 안고 있지 않았다. 아버지는 그녀가 다시는 아기를 보지 못할 것이라고 말했고, 그녀는 그날 이후로 아기를 보지 못했다.

그녀는 왜 이렇게 오랜 시간이 지난 후 갑자기 나에게 비밀을 말할 수 있다고 느꼈을까? "더 이상 비밀을 유지할 수 없었기 때문이에요. 선생님은 나에 대해 다른 모든 것은 알고 계시니까요."라고 말했다.

이 사건은 그런 상황에 놓인 어린 소녀에게 어떤 감정적 영향을 미쳤을까? 나는 이제 어떤 감정적 스트레스가 그녀의 천식을 유발했는지 이해하게 되었다. 내가 바꿀 수 있었던 것은 아무것도 없지만, 그때의 그리고 지금의 그녀의 고통은 지켜볼 수 있게 되었다.

글상자 3-12

스탠리는 내 환자 목록에 위임된 환자였다. 그는 55세의 실업자로 복지 혜택으로 살고 있었다. 이전의 일반의들은 요구가 많고 예측할 수 없는 그의 행동에 대처할 수 없었다. 우리의 첫 만남은 순조롭게 잘 진행되었다. 나는 그를 진료한 이전의 일반의에게서 그가 복용하고 있던 진통제가 무엇인지 알아내어 다음 날 그를 만나기로 했다. 그는 분명 처방된 진통제에 중독되어 있었지만, 여전히 머리와 목에 지속적인 통증을 겪고 있었다. 이 통증이 그를 지배하여 낮에는 무엇인가를 할 능력에 영향을 미쳤고 밤에는 잠을 이룰 수 없게 했다. 이후 여러 주 동안 그는 자신의 이야기를 들려주었다. 부모님을 본 적이 없는 그는 고아원에서 자랐다. 현지 부두에서 배관사가 되었지만 몇 년 전 산소 아세틸렌 용접기가 그가 작업하고 있던 파이프에 폭발성 가스를 발화시켜 그를 나가떨어지게 했다. 파이프가 그의 목을 쳤고, 그 이후로 통증이 생겼으며 어떤 것도 도움이 되지 않았다고 그는 주장했다.

통증은 스탠리의 모든 몸가짐에 영향을 주었다. 그는 계속해서 눈을 찡그리고 자기

몸 보다 큰 코트를 입고 그 안에서 어깨를 계속 움직이면서 몸을 편안하게 하려고 애썼다. 눈을 맞추거나 조용히 앉아 있는 것을 아주 힘들어했다. 이후 여러 달 동안 그가 먹는 약의 수를 조절하기 위해 연구가 잘되어 있는 보통 사용되는 모든 방식을 시도했지만 성공하지 못했다. 그는 여전히 약에 의존했고 지속적으로 통증을 줄이기 위해 복용량을 늘리고자 했다. 그는 계속 통증을 영원히 없앴을 수 있는 기적의 치료법을 찾았다.

어느 날 나를 보러 왔을 때 그는 종잇조각 하나를 내밀었다. 그것은 아이의 연습 교재에서 찢어낸 종이였다. 그 위에는 상자 모양으로 경계가 지어진 여러 직사각형이 두 줄로 그려져 있었으며 한 사각형이 짙게 음영 처리되어 있었다. 그는 내게 그 짙은 색 상자가 고아원에서 자신의 침대 위치라고 설명했다. 그가 살았던 방의 평면도를 그렸는데 거기에는 문과 창문에서 그의 침대가 어디에 있었는지 정확하게 묘사되어 있었다. 5세부터 16세가 되어 고아원을 나올 때까지 그는 거기서 잠을 잤다. 갈 곳도 없었고, 가족도 없었고, 직업도 없었고, 훈련도 받지 않았다. 그는 고아원의 직원을 싫어했다. 그들이 음식, 의복, 안식처를 제공했는데 왜 그런지 물었다. 그는 잘못을 저질렀을 때 받았던 처벌에 대해 말했다. 그중 하나는 12개의 침대가 있는 방 한 구석에 있는 의자 위에 '멍청이(Dunce)'라고 쓰인 둥근 판을 목에 걸고 서 있는 것이었다. 이러한 처벌이 작은 잘못에도 정기적으로 이루어졌고, 그는 완전한 굴욕감을 느꼈다. 이 이야기를 하면서 그는 울었다.

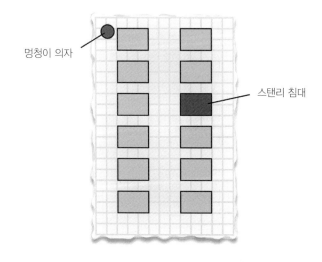

멍청이 의자

스탠리 침대

비록 그 최종 결과가 내 눈 앞에 있었지만, 이러한 행위가 미친 영향을 상상하기가 어려웠다. 종잇조각을 다시 받아들고 진료상담실을 떠나려 하면서 그는 "전에는 누구도 내가 이 이야기를 하도록 한 적이 없었어요."라고 말했다. 나는 일어난 일을 바꿀 수는 없었지만, 그의 이야기를 들어주는 일은 할 수 있었다. 적어도 이제 나는 그의 통증을 없애는 것이 불가능함을 이해하게 되었다.

그는 여전히 나를 정기적으로 만나러 온다. 약물에 여전히 의존적이지만, 약물 복용을 어렵게 줄이기는 했다.

글상자 3-13

환자의 이야기는 다음과 같은 이유로 중요하다.

- 환자의 상황에 대한 의미, 맥락 및 관점을 제공한다.
- 병에 대하여
  왜
  어떻게
  어떤 방식으로
  그들이 아픈지 알려 준다.
- 우리가 그것들을 이해하면 환자가 다른 방법으로 이야기를 재구성할 수 있게 도와줄 수 있다.
- 우리가 효과적으로 그 이야기를 듣는다면, 그 이야기는 환자와 의사 사이에 공감을 고무하고 이해를 촉진한다.
- 원인 질환에 대한 단서를 제공한다.
- 환자의 이야기 듣기는 환자에 대한 총체적 접근(holistic approach)을 고무한다.
- 환자가 자신의 이야기를 하는 것은 본질적으로 치료적이다.

의사와의 만남에 대해 환자가 스스로에게 하는 이야기

당신이 본 환자 중에 상황이 잘 진행될 수도 있었는데 잘 되지 않았던 가장 최근의 환자에 대해 생각해 보자. 환자는 진료상담 전에 당신을 만나러 오기까지의 여정에 대해 무슨 말을 했는가? 환자는 자신을 어떻게 간주했는가?

환자는 당신과 가지게 될 진료상담에 대해 어떤 이야기를 했는가? 환자의 이 이야기는 대체로 그들이 의사들과 겪었던 과거의 경험에 따라 달라지지만, 동시에 당신을 이전에 만난 경우라면 당신에 대한 기대에 따라 달라질 것이다.

예를 들어, 만약 환자가 이전에 허리 통증으로 엑스레이 검사를 받은 적이 있다면, 더 나은 다른 방법이 있을 수 있다는 당신의 제안은 불신을 받을 가능성이 있다. 앞으로 진행될 방식에 대한 성인 대 성인의 토론에 환자를 참여시키려는 당신의 시도는 저항을 받을 수 있다. 그들은 아이처럼 당신을 대하려 하고, 자신이 원하는 것을 말하며 완강하게 고집을 피운다.

글상자 3-14 사례

- 두 명의 어린 자녀와 도시 아파트에서 치열하게 살고 있는 젊은 여성이 있다. 그녀는 국가나 다른 사람들이 자신을 도와야 한다고 느낀다.
- 고위 전문직에 있는 나이 많은 남자가 있다. 더 젊은 전문직(의사인 당신)에게 원하는 것을 얻으려면 스스로 부과한 바쁜 스케줄에서 시간을 내야 한다. 그는 자신을 아주 중요하고 예외적으로 바쁜 사람으로 간주하고 모든 것을 자기 방식대로 하는 것에 익숙하다.

암에 걸릴까 걱정하는 사람은 자신이 전문의에게 의뢰될 것이라고 기대할 것이다. 일반의가 이 이야기를 더 적절한 이야기로 바꾸는 데는 시간이 걸리겠지만, 일단은 환자가 왜 당신과 함께 앉아 있는지, 그들의 기대가 무엇인지에 대한 그들의 이야기를 먼저 이해해야 한다.

의사들과 의료 전문가들이 TV나 영화에서 묘사되는 방식에 당신은 얼마나 자주 놀라며 또 실망하는가? 이렇게 빈번하게 전형화된 묘사들은 의사들이 어떻게 행동하는지에 대한 사람들의 생각을 채색하고 그들의 기대를 설정한다. 개인적인 경험만이 이러한 생각을 변화시킬 것이며, 그러한 변화가 일어나는 데는 시간이 걸릴 것이다. 우리는 환자들이 실망하여 자리를 박차고 나가 되돌아오지 않는 상황을 피하려고 한다. 사람들은 결국 자신이 가장 편안하다고 느끼는 일반의를 만나게 될 것인데, 당신이 그 의사가 아니라 해서 당신 자신에게 실망해서는 안 된다. 우리가 모든 환자의 비위를 맞추려고 아무리 노력해도 그것이 늘 가능한 것은 아니다. 집단이나 팀에서 일하는 이점 중 하나는 환자들이 그들이 만나고 싶은 의사를 선택할 수 있다는 점이다.

결론

모든 이야기에는 말하는 사람과 듣는 사람이 필요하다. 이야기하는 과정은 의료 종사자가 환자를 더 잘 이해할 수 있게 하며, 이야기를 하는 행위 자체가 치료적이다. 이야기 행위는 우리가 환자의 고통을 직접적으로 완화시키지 못한다 해도 환자의 고통을 지켜보도록 해 준다. 각 이야기는 그 개인에게 독특한 이야기이다. 다른 사람이 동일한 이야기를 할 경우 그 이야기는 다른 이야기일 것이며 동시에 똑같이 진실한 이야기일 것이다.

이야기들을 통해 우리는 우리 자신에 대해 더 많이 배울 수 있고, 윤리와 같은 다른 영역에 대해 생각하고 배울 수 있다. 이야기를 들을 때는 이야기하는 사람이 신뢰할 만한지 아닌지를 결정해야 한다. 그 이야기가 실제로 무엇에 대한 이야기인지 생각해 볼 필요가 있다. 그것은 어떤 다른 고민이나 사건에 대한 은유일까? 어떤 각도, 누구의 시각으로 말해지고 있는 것일까? 누구의 목소리로 말해지고 있고 그 이유는 무엇일까? 어떤 유형의 언어가 사용되고 있는가?

이야기들은 중복되기도 하고 또 함께 고려되어야 할 필요도 있을 수 있다. 질병 이야기에는 많은 다른 해석이 가능하다. 궁극적으로는 환자가 자기 자신의 진실을 말하는 저자이지만 당신은 이야기를 들으면서 그들이 이야기를 재구성하도록 지지할 수 있다. 환자들과 함께 그들이 이야기를 더 잘 이해하도록 도울 수 있고, 그들이 이야기의 방향을 더 잘 제어하도록 도울 수 있다. 진정으로 환자의 말을 듣고 공감함으로써 당신은 더 능력 있는 의사가 될 것이다.

• 참고문헌과 추천문헌 •

Balint M. *The Doctor, his Patient and the Illness*. 2nd ed. Edinburgh: Churchill Livingstone; 1964, reprinted 1986.

Charon R. *Narrative Medicine: honoring the stories of illness*. New York, NY: Oxford University Press; 2008.

Halpern J. What is clinical empathy? *J Gen Intern Med*. 2003; 18: 670-4.

Heath I. *Matters of Life and Death: key writings*. Oxford: Radcliffe Publishing; 2008.

Helman CG. *Suburban Shaman: tales from medicine's front line*. London: Hammersmith Press; 2006.

Neighbour R. *The Inner Consultation: how to develop an effective and intuitive consulting style*. 2nd ed. Oxford: Radcliffe Publishing; 2004.

Tate P, Tate E. *The Doctor's Communication Handbook*. 7th ed. London: Radcliffe Publishing; 2014.

4

아동과 이야기

짐 헌틀리|Jim Huntley

인류는 아동에게 최고의 것을 주어야 하는 빚을 지고 있다.

1924년 제네바 아동 권리 선언

당신이 사람의 마음에 대한 지도를 본 적이 있는지는 모르겠다. 의사들은 간혹 당신의 어떤 부분에 대한 지도를 그릴 것이며, 당신에 대한 그 지도는 매우 흥미롭게 만들어질 수 있다. 그러나 의사들이 아동의 마음에 대한 지도를 그린다면, 그것은 혼란스러울 뿐만 아니라 시종일관 헤매고 돌아다니는 것일 수 있다. 지도에는 카드에 적힌 체온 기록과 같은 지그재그의 선들이 있으며, 이것들은 아마도 네버랜드로 가는 길일 것이다. 왜냐하면 네버랜드는 언제나, 어느 정도는 형형색색으로 눈부신 파도가 치고, 바닷가 해변 앞에는 산호초와 라키풍의 기구들이 있고, 야만적이고 외로운 레아르족들과 꼬리가 큰 땅속 요정들, 강이 흐르는 동굴, 왕자님과 여섯 형제들, 쓰러져 가는 오두막, 매부리코의 난쟁이가 할머니가 있는 섬이기 때문이다. 이게 전부였다면 그것은 쉬운 지도가 되었을 테지만, 여기에는 학교에 간 첫날, 종교, 아버지들, 둥근 연못, 바느질, 살인자들, 교수형, 여격 동사(verbs that take the dative), 초콜릿 푸딩 데이, 치열 교정기, 99까지 수세기, 혼자서 이빨을 뽑고 받은 3펜스 등과 같은 것들이 있는데, 이것들은 섬의 일부이거나 아니면 그들이 보여 주는 또 다른 지도이다. 그리고 이 모든 것은 상당히 혼란스럽다. 마치 가만히 있는 것이라고는 아무것도 없을 것처럼.

물론 네버랜드는 천차만별이다. 예를 들면, 존의 네버랜드에는 플라밍고들이 넘어 다니는 작은 호수 하나가 있었고 그곳에서 존은 총을 쏘고 있었던 반면, 매우 작았던 마이클은 작은 호수들을 넘어 다니는 플라밍고 하나를 가지고 있었다. 존은 모래 위에 거꾸로 뒤집어진 배에서 살았고,

> 마이클은 풍차에서 살았다. 웬디는 나뭇잎들을 솜씨 좋게 꿰매어 만든 집에서 살았다. 존은 친구
> 가 없었고, 마이클은 밤마다 친구들을 만났다. 웬디는 부모에게 버림받은 애완늑대 한 마리를 가
> 지고 있었다. 그러나 전반적으로 볼 때 네버랜드 주민들은 가족같이 닮은 면이 있었는데, 그들을
> 한 줄로 세워 놓고 본다면 서로 꼭 닮은 코를 가지고 있다고 말할 것이다. 이러한 마법의 해안에
> 서 놀고 있는 아이들은 영원히 그들의 가죽배를 해변에 대고 있다. 우리 또한 그곳에 가 본 적이
> 있다. 우리가 더 이상 그 섬에 가지는 않겠지만 아직도 그곳의 파도 소리를 들을 수 있다.
>
> 제임스 매튜 배리(JM Barrie)의 1911년 『피터와 웬디(Peter and Wendy)』의
> 1장 '피터가 나타났다(Peter breaks through)' 중에서

　나의 아이들은 이미 나를 거짓말쟁이로 생각한다. 내가 그 결과를 솔직하게 말할 수 없는 사고들이 잇달아 생겼다. 예상할 수 있는 결과에 비추어 적절한 조치를 취하면 나쁜 결과를 예방할 수 있다는 나의 주장에 아이들은 감동받지 않는 듯하다. 나는 사고와 실수(중성적이거나 우연히 발견된 이로운 유전적 돌연변이와는 다른)는 피하는 것이 최선이며, 따라서 너희를 위해서는 안 좋은 일이 발생할 확률을 낮추도록 먼 길로 돌아갈 수 있다고 설명한다. 그들은 하품을 한다. 그들은 전에도 이 모든 이야기를 들었으며, 모든 가능한 재앙이 일어나지 않을 것이라는 나의 말에 대한 신용은 떨어졌다. 신뢰가 떨어진 만큼, 영향력을 행사할 수 있는 가능성도 떨어졌다. 부모는 얼마나 자주 '늑대야' 하고 외칠 수 있을까?

　이 경우에 우리는 혼잡한 해안 도시의 일방통행로를 어렵게 빠져나가려 하면서 차 안에 앉아 있다. 태양은 붉은 벽돌 건물을 지나 보도와 차도를 넘어 기울고 있다. 빛과 그림자가 줄무늬를 만들었다. 모든 사람이 밖으로 나왔다. 보도는 두 사람이 나란히 설 수 없을 정도로 좁아서 사람들, 특히 아이들은 차들이 지나는 도로의 가장자리를 빠른 발걸음으로 오르내리며 춤추듯 서 있다. 얼핏 보기에는 모든 아이가 아이스크림을 들고 있는 것처럼 보인다. 웃으며 공을 튀기고 있는 네 살짜리 아이를 제외하고.

　나는 아이들에게 길거리에서 축구공을 차는 것은 '정신 나간' 짓이라고 설

명한다. 내가 '어리석다'고 생각하면서도 '어리석은'이 아닌 '정신 나간'이라고 말한 것은 아이도 부모도 어리석은 것은 아니기 때문이다. 축구공을 튕기다 보면 공이 길 밖으로 나오는 실수를 하게 될 것이다. 그다음 그 소년은 위쪽으로 튀어 오른 공을 볼 것이고, 공을 잡기 위해 종종걸음으로 쫓아가 허우적거리다 도로 쪽으로 몸을 기울이게 될 것이다. 이 일은 그가 자신의 행동에 대해 생각할 겨를도 없이 순식간에 일어날 것이다. 그가 막 공을 잡으려고 하는 순간, 인간의 발명품이 가는 길로 뛰어들게 될 것이다. 여기서 행운은 자동차들이 얼마나 빽빽이 있었는가, 그 차가 얼마나 천천히 왔는가, 차가 얼마나 가까이 있었는가, 운전자가 어느 정도로 앞을 주시하고 있었는가, 브레이크가 얼마나 좋은 제품인가 등에 따라 결정된다.

길거리에서 공을 차는 것. 이런 일은 제발이지 하지 않기를 바란다. 아이들은 위험에 관한 나의 관점을 불쾌하게 받아들이는 듯하다. 나의 아내는 내가 삐딱하게 본다고 한다. 화창한 날이다. 모두가 행복하다. 한 아이가 공을 찬다. 나는 걱정을 하는 유일한 사람이다. 아동기 교통사고의 예기 상황에서 보르헤스의 두 갈래 길[1](Borges, 1970) 중 어느 한쪽 길에 서게 되는 블랙 스완 사건(the black swan event)[2]과 함께 홀로 있기 때문이다.

아마도 우리는 자기 자신에 대한 어떤 것들을 발견할 필요가 있을 것이다. 우리는 예측보다는 실수를 통해 더 잘 배운다. '실제의 삶'은 우리에게 가장 가혹한 교훈을 가르쳐 주며, 따라서 우리는 성장한다. 정말 우리가 그럴까? 당신이 금요일 밤 영국의 성인 응급실에서 술에 취해 죽은 시체를 보고 난 후

---

1) 역주: 라틴아메리카 문학의 거장 호르헤 루이스 보르헤스(Jorge Luis Borges)의 소설 『끝없이 두 갈래로 갈라지는 길들이 있는 정원(El jardín de senderos que se bifurcan)』(1941) 속의 시간은 현재가 무한히 두 갈래로 갈라지는 복수의 시간이다. 여기서는 교통사고의 발생 여부의 갈림길에 서 있는 것을 나타내고자 한 것으로 생각된다.
2) 역주: 극히 예외적이어서 발생 가능성이 없어 보이지만 일단 발생하면 엄청난 충격과 파급효과를 가져오는 사건을 가리키는 말이다.

에는 그렇게 주장하기 어려울 것이다. 적어도 아이들이 다칠 때에는 대개 스케이트 보드 타기, 나무 타기, 혹은 트램펄린 타기와 같은 일상적인 일을 하면서였다.

일곱 가구가 사는 작은 거주 지역에서, 우리 집 정원은 트램펄린이 없는 유일한 곳이다. 나는 트램펄린에서 어떻게 상해를 입는지에 대해 힘들여 반복해서 설명했다. 사람들은 모서리에서 떨어져 머리를 바닥에 부딪히고 목이 부러졌다. 많은 사람이 동시에 뛰게 되면, 통제력을 잃게 되어 더 높이 뛰고 더 다루기 힘들게 되어 모서리에 부딪히거나 다른 사람들과 부딪혀 거의 모든 곳이 부러지게 된다([그림 4-1] A와 B 참조). 트램펄린이 비탈에 있을 때에는 문제가 더 심각해진다. 안전망이 도와주기는 하지만 그것이 덫이 될 수 있다. 재주넘기도 위험하다. 나의 정원에 이런 '사탄의 장난감'은 없다. 물론 나의 아이들은 그냥 옆집으로 간다.

조지 니센(George Nissen)과 래리 그리스월드(Larry Griswold)가 1936년에 처음 그것을 만들었을 때(McDermott et al., 2006), 그들은 이런 결과를 전혀 예견하지 못했을 것이다. 후에 그들은 '다이빙 보드'에 해당하는 스페인어에 'e'를 덧붙여 '트램펄린(Trampoline)'이라 상표 등록을 했다. 아이러니하게도 두 발명가가 아이오와 대학 출신이고, 그곳에는 소아정형외과와 외상으로 세계적으로도 저명한 기관이 있었는데(Kavanagh et al., 2013) 주로 내반족, 고관절 이형증, 척추측만증을 치료했다.

조지와 래리는 트램펄린이 십억 달러 규모의 아동기 상해의 원인이 될 것이라는 것을 예상하지 못했다(McDermott et al., 2006). 2008년, 한 그룹이 글래스고[3] 병원에서 치료받은 아래팔 골절을 분석했을 때, 그중 7%가 트램펄린 때문이었다(Bell et al., 2012). 이것이 너무 많다고 말하기는 어렵다. 만약

---

3) 역주: 스코틀랜드의 항구도시.

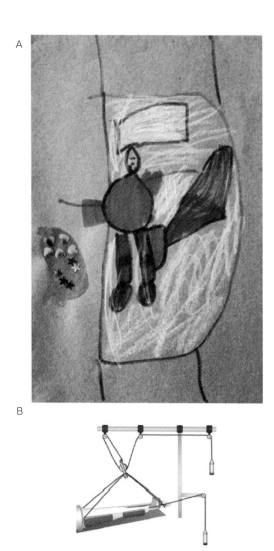

[그림 4-1] (A) 대퇴골절을 입어서 토머스 부목(Thomas splint: 피부를 고정시키고 균형을 잡아 주는 견인지지대)을 차고 있는 5세 여아의 자화상. (B) 나의 대안적인 관점을 보여 주는 교재의 다이어그램(Huntley, 2013).

그것이 1% 정도였다면 어깨를 으쓱하고 끝냈을 것이고, 25%였다면 그것들을 금지시키는 캠페인을 이끌었을 것이다.

나의 클리닉에서 아이들은 늘 자기가 언제 다시 축구를 할 수 있는지 묻는다. 이것은 그들의 의식 속에 크게 나타나고 있다([그림 4-2] 참조). 스코틀랜드 남부에서, 운동은 성인 경골 골절의 원인 중 30%를 차지하며, 그중 80% 이상이 축구 때문이다(Court-Brown & McBirnie, 1995). 축구 금지령을 진지하게 요구하는 사람은 아무도 없다. 아니면 그렇게 해야만 할까? 영국에서 트램펄린이 없이는 뒷마당의 풍경이 완성될 수 없다. 축구와도 같이 트램펄린은 어쩔 수 없는 현실이다.

아이들. 어떻게 이 수천의 거대한 배역들을 저마다의 다양한 방법으로 소개할 수 있을까? 그들은 역사와 대륙을 가로질러, 상황에 대한 풍자로 묘사된

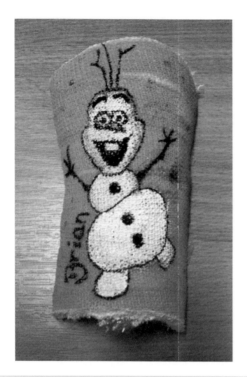

[그림 4-3] 깁스 아트/유머

우연과 운명의 모든 격동을 겪고 해안에 버려진 이주민들이다. 여기에는 신
뢰와 의심이, 풍요로움과 빈곤함, 안심, 미소, 유머([그림 4-3] 참조), 고통, 풍
선, 연, 축구, 발진, 절망의 지표들에 대한 소박한 경계가 있다. 여기에도 두
협잡꾼[4](Kipling, 1910)이 있다. 즉, 승리와 재앙이다.

지리학에서도 역사가 되풀이된다. 이런 일은 무지함으로 인한 것이거나
과학, 정치, 사회, 경제, 혹은 문화적 여건 때문에 일어난다. 150년 전 영국에

---

4) 역주: 한국에서는 『정글북』으로 유명한 소설가이자 시인인 러디어드 키플링의 〈만약에, If〉라는
시 중에 나오는 문구이다. 이 시는 12세 된 아들을 위해 아버지로서의 자신의 바람을 적은 것이다.
"If you can meet with Triumph and Disaster/ And treat those two impostors just the same(만일
인생의 길에서 승리와 재앙을 만나더라도 그 두 협잡꾼을 동등한 것으로 여길 수 있다면)."

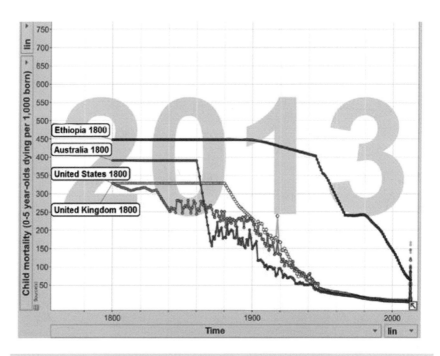

[그림 4-4] 1800~2015 국가별 출생아 100명 중 명수로 표기한 아동사망률(0~5세)

출처: www.gapminder.org의 무료배포 자료.

서는 아동사망률(0~5세)이 25%였다. 그러나 이후 세기들에서는 현저하게 감소했다([그림 4-4] 참조; Rosling & Zhang, 2011; Rosling, 2013). 이러한 추세는 에티오피아, 오스트레일리아, 미국에도 나타난다. 아동사망률의 문제와 원인은 잘 이해되었으며, 따라서 명확하게 언급되었다. 예를 들면, 1860년 글래스고의 한 의사는 영아 사망의 다섯 가지 원인을 중요한 순서대로 목록화했다(Robertson, 1972).

- 배수 불량 및 불충분한 조명과 함께 혼탁하고 오염된 공기
- 영양 결핍
- 아픈 아이들을 위한 병원의 부족

- 조혼
- 사생아의 방치

1880년대 글래스고의 보건의료사무소장이였던 닥터 러셀(Russell)은 도시의 빈민 지역에 직접 가서 빈곤과 그에 상응하는 비참한 사망을 생생하게 기록했다(Robertson, 1972).

> 그곳에서 그들은(아이들은) 죽었다, 그리고 그들의 작은 몸은 테이블 위나 옷장에 놓여있었다. 다소 우회적으로 말한다면…… 이러한 아동의 탄생에서부터 이른 죽음에 이르기까지의 삶은 지속되는 비극의 작은 부분들이다.

문제의 진정한 본질 그리고 그 해결책을 인식하고 있다는 면에서, 아동 사망에 관해 다음과 같은 질문을 할 수 있다. 변화(아동사망률 감소)의 속도가 더 빨랐어야 하지 않았을까?(혹은 그럴 수 있지 않았을까?) 증가율의 시간 단위(우리가 의미 있는 변화를 만들 수 있는 기간)를 연 단위로 잡으면 변화의 속도가 느린 것처럼 보인다. 지표상의 사망률은 다양한 변수, 즉 그 자체가 시간이 오래 걸리는 문화적 결정인자를 지닌 많은 변수(병원을 짓고 직원을 채용하고, 하수도 시스템을 설계하고 건설하며, 여성과 아동의 교육을 의무화하도록 문화를 바꾸는 것)에 따른 단일 결과이다. 다른 요인들은 실제로 수용하거나 채택되기까지 오랜 기간이 걸릴 수 있는 혁신들을 적용해야 하는 경우이다(Rogers, 2003). 증가율의 시간 단위는 인간의 한 세대가 되는 대략 25년이 더 적절할 수 있다(Matthews & Hamilton, 2009). 이것을 여기에 적용한다면, 우리는 단지 7개의 비교 값만을 X 축에 두어야 할 것이다. 이렇게 놓고 보면 우리는 일을 제대로 한 것 같기도 하다. 이제 당신이 데이터의 축을 어떻게 회전시켜 유리한 관점으로 분석하느냐에 따라 결과는 달라질 것이다.

지리적으로 특권이 있는 영국의 거주 지역에서, 관심의 초점은 사망률과 '죽기 위해 태어난(born to die)' 아이들에서부터 '실패하기 위해 태어난(born to fail)' 아이들로 이동해 갔다. 웨지(Wedge)와 프로서(Prosser)는 사회적 불이익의 영향에 대한 간결하고도 정밀한 분석을 통해 이러한 변화를 정리했다 (Wedge & Prosser, 1973). 그들은 가족 구성, 자녀 수/부모의 수, 낮은 소득, 열악한 주거 상태 등을 살펴보았고, 따라서 '불이익 집단'은 본질적으로 출생 당일에서부터 정상 발달의 가망이 적다는 것을 밝혔다. 그들은 다음의 두 가지 중요한 질문으로 결론을 맺었다.

• 사회의 일원으로서 우리는 아이들이 가족으로 인해 겪는 고통을 과감히 줄일 수 있도록 진정 충분히 신경 쓰고 있는가?
• 우리는 이렇게 많은 아이들이 실패하기 위해 태어난다는 것에 관심을 두는가?

2013년, 『랜셋(The Lancet)』[5]의 편집자인 리처드 호튼(Richard Horton)은 어머니의 상호작용이 정지되고 무표정할 때 영아의 반응이 점점 더 깊어지는 고통을 나타내고 그다음엔 위축되는 것을 보여 주는 짧은 영상을 언급하였다. 이것은 트로닉(Tronick)과 동료들이 개발한 실험 방법인 '스틸페이스 패러다임(still-face paradigm)'[6] 중 하나이다(Brazelton et al., 1975; Tronick et al., 1978; Mesman et al., 2009). 트로닉의 영상(2015)에서는 불편한 광경이 펼쳐지지만 이 영상의 메시지는 초기 사회적 상호작용, 애착 및 대인관계가 건강한

---

5) 역주: 영국의 의학 잡지
6) 역주: 영아가 어머니에게서 어떠한 정서적 반응을 불러일으키고자 하지만 어머니가 무표정한 얼굴로 대면할 때 어떻게 정서적으로 대처하는 반응을 보이는가를 관찰하는 일련의 발달심리학적 실험들이다.

아동 발달의 기초가 된다는 것이다. 생애 초기에 아동과 양육자 사이의 '주고받는' 상호작용들이 있으며, 이러한 것들이 복잡한 두뇌 구조의 발달에 결정적이라는 사실이 점차로 알려지게 되었다. 인간의 잠재력을 보면, 뿌린 대로 거둔다. 방임은 아동 학대의 가장 일반적인 유형이다. 방임을 경험한 아동들은 실행기능과 주의 조정과 같은 인지적 능력에 결함이 생길 가능성이 더 크다(National Scientific Council on the Developing Child, 2012; Centre on the Developing Child, 2015).

BBC 다큐멘터리 〈우리 시대의 아동(Child of Our Time)〉은 아동 발달에 대한 지식을 대중화하기 위해 노력해 왔다(Livingstone, 2008). 윈스턴(Winston) 경은 이 시리즈의 '얼굴'이었다(Winston, 2006). 그가 성취 자체보다는 행복과 복지에 초점을 두었다는 점은 주목할 만하다(Winston, 2006; Livingstone, 2008).

> 행복…… 그것은 현대 사회의 성배가 되었다. 그러나 성인의 행복은 아동기의 우리에게 어떤 일이 일어났느냐에 의해 거의 결정된다. …… 우리는 아동들을 향한 우리의 염원에 주의해야 한다. 행복, 만족 그리고 지혜는 명성에 의해 얻어지는 것이 아니며, 이러한 사실이 우리 사회의 진정한 이슈이다…….

윈스턴은 또한 아동이 자라는 환경을 지각하는 우리의 가치판단에 대해 경고한다. 그는 정리정돈 자체보다 사랑과 지지의 중요성을 강조했다(Rabinovitch, 2004). 윈스턴 경은 아동 교육/양육/발달이 전반적으로 사회의 본질적인 상호작용임을 관찰하면서 다큐멘터리라는 표제를 붙임으로써 이 시리즈들에 대한 자신의 의견을 피력했다(Taylor-Whiffen, 2005).

> 그것은 거울과 같다. …… 〈우리 시대의 아동〉이라는 표제가 아주 적절하다는

것을 증명하고 있다. 그것은 우리 사회가 스스로를 바라보는 시각에 도움을 준다. …… 〈우리 시대의 아동〉은 단지 아동에 대한 것이 아니다. 그것은 우리의 시대에 대한 것이다.

이 시리즈를 책임지고 있는 리빙스톤(Livingstone) 박사는 놀이와 웃음의 공헌을 강조한다(Livingstone, 2008).

우리의 가장 놀라운 발견은 놀이에 관한 것이다. 놀이는 필수적인 것이다. 우리가 웃음의 수를 세었을 때 알게 되었듯이, 그것은 아동을 행복하게 만드는 것이다. 아이들은 더 많이 놀이를 할수록 더 많이 웃는다. 특히 그들이 바깥 놀이를 할 때는 더욱 그러하다.

후에 그녀는 심리학 교수인 벨스키(Belsky)를 인용한다(Livingstone, 2008).

우리는 재미를 느끼고 미래에 대한 걱정 없이 그 순간에 머물 수 있다는 사실을 잊어버렸다. 우리는 그 순간에 가치를 두지 않는다, 특히 아동기에…….

잠재력과 성취 사이의 격차는 늘 존재한다. 따라서 세대 간 실패라는 근본적인 위험이 있다. 부모로서, 연장자로서, 의사로서, 종족으로서…… 우리는 어떻게 하고 있는가? 우리 자신의 성과는 누가 점수를 매기고 기록하는가? 우리의 성적표는 무엇을 말해 주는가? 그런데 부유한 국가 아동들의 행복지수를 측정한 보고서가 있다(UNICEF 2007; UNICEF 2011). 이 보고서는 영국과 미국 둘 다에서 매우 불편한 사실을 말하고 있다.
악어가 재깍거리고 있다.[7]

　더 최근 들어, 호튼은 세계보건기구의 윤리(혹은 그 밖의 다른 것들)에 대해
논평했다(Horton, 2015). 그는 더 이상 지역에 상관없는(교통 기술의 발달로 인
해) 혹은 다른 사람의 행동에 의존하지 않는 윤리적 의무의 개념을 소개하기
위해 싱어(Singer)의 물에 빠진 아이 구하기 실험(Singer, 1972, 1997)[8]의 한 버
전을 사용하였다. 싱어는 그의 학생들에게 캠퍼스에서 수업을 받으러 교실
로 가는 길에 물에 빠져 익사할 위험이 있는 것으로 보이는 한 아이가 있는
얕은 연못을 지나간다고 상상해 보라고 했다. 아동을 구하는 것은 쉬울 것 같
아 보였지만 물에 젖어 더러워질 뿐만 아니라 수업에 늦을 수 있었다. 첫 번
째 질문은 '여러분은 아동을 구해야 하는 책임이 있는가?'였다. 만장일치로,
아이를 구하는 것의 이득은 불편함에 지불해야 하는 비용을 훨씬 능가하는
것으로 보인다.

　싱어는 다음과 같은 질문을 계속한다.

　　그 아동을 구할 수 있었지만 그렇게 하지 않고 연못을 지나친 다른 사람들이
　　있다면 당신의 행동은 달라질 것인가?

이러한 질문에 대해 아니라고 대답하는 것은 다른 사람들이 행동하지 않는
것으로 우리 자신이 행동하지 않는 것을 정당화할 수 없음을 의미한다.

　우리가 호튼의 두 가지 관심, 즉 아동 발달과 보편적 책임을 조합한다면 아
마도 전 세계의 우리는 아동들의 잠재력을 육성하고 유지하는 의무를 가질

---

7) 역주: 저자가 피터팬의 이야기에 빗대어 아이들이 주변에 위험이 도사리고 있다는 것을 은유적으
　로 이야기한 것이다.
8) 역주: 한국에는 피터 싱어(Peter Singer)의 저서 『물에 빠진 아이 구하기: 어떻게 세계의 절반을 가
　난으로부터 구할 것인가(The Life You Can Save: Acting Now to End World Poverty)』(함규진 옮
　김, 산책자 출판)가 출간되었으며 여기서 물에 빠진 아이에 관한 도발적인 사고 실험으로 우리의
　윤리적인 태도에 대한 신랄한 고찰을 볼 수 있다.

것이다.

한 가지 문제는 모든 사람이 그들의 '잠재력'을 실현하고 싶어 하지는 않는다는 것이다. 영국의 그 응급실로 되돌아가, 나는 자멸을 꾀하고 있는 호모사피엔스의 수에 충격을 받았는데, 그들은 말하자면 자신들의 잠재력을 충분히 발휘하지 못한 사람들이다. 여기서 부분적으로 관련된 관심사는 '잠재력'의 정의이다. 아니, 오히려 잠재력의 주제와 맥락에 관한 것이다. 즉, 무엇을 위한 잠재력인가, 누구의 권위에서, 그리고 어떤 문화와 어떤 환경 내에서의 잠재력인가에 대한 것이다. 20년의 차이가 있는 두 개의 유려한 서신에서 은슨(Eunson) 박사는 '선진국'에서 부여한 원조의 우선순위보다 그 지역에서 결정된 우선순위의 중요성을 강조하였다.

> 우리는 슬로건을 필요로 하지 않는다. 우리의 문제를 아는 것은 우리가 물려받은 유산의 일부이기 때문이다. 우리는 스스로를 개발할 것이며, 그리하여 우리의 진전이 우리 자신의 부분이 될 것이다.
> 아무리 선의라 해도, 한 나라에 개발을 강요하는 것은 전 세계에 아주 오랫동안 부담을 지운 식민주의의 한 형태이다(Eunson, 1984).

그의 두 번째 서신(Eunson, 2004)에서, 그는 자선 단체에 의해 주요 개발 우선순위를 요청받고 있는 한 마을에 대해 기술하고 있다. 그들의 답은 '건강 센터, 학교, 또는 관개 조직'일 것이라고 추정되었다. 그러나 그들이 '축구장'이라고 답했을 때, 그 조직은 그 제안을 철회하였다. 은슨은 다음과 같이 말했다.

> 마을 주민들은 그들 자신의 축구장을 지었고, 이 일은 다음 해에 그들이 외부의 도움 없이 건강 센터를 건립할 수 있는 공동체 의식을 심어 주었다.

가혹한 환경에서, 다시 사망률(반드시 '잠재적'이기보다는 실질적인)로 돌아가보면, 결과주의적인 관점은 다른 사람들을 지원할 수 있는 사람들을 구하는 것을 강요하기 때문에 궁극적으로 최상의 선은 최상의 숫자에 의해 이루어진다. 만약 카눌라(the daily cannula)[9]가 단 하나만 있다면, 그것은 나중에 그의 어린 가족을 먹여 살리고 부양하게 될 건강한 청년에게 돌아갈 것이다. 비록 고통스러운 일이지만, 이것은 아래의 제네바 아동 권리 선언의 격언을 부정하기보다는 확인하는 것이다.

인류는 아이에게 최고의 것을 주어야 하는 빚을 지고 있다.

나는 인간 본성—경험과 교육뿐만이 아니라—이 층을 이루는 현상이라고 믿는다. 즉, 인간의 본성은 지질학적인 실트(silt)[10]와 같이 처음에는 액체이며, 대부분의 형태는 그 아래의 템플릿(template)으로부터 만들어진다. 학생의 이해력이 교사의 이해력에 달려 있는 것처럼 우리는 이전 세대의 개척자들의 성과를 바탕으로 우리 자신을 증진시킬 수 있을 것이다. 아이작 뉴턴(Isaac Newton) 경은 다음과 같이 말했다.

내가 만약 다른 이들보다 더 멀리 보았다면 그것은 거인들의 어깨 위에 올라섰기 때문이다.

새퍼(Schaffer)는 인간심리학의 발달을 이러한 용어들로 논의했다(Schaffer, 2004).

---

9) 역주: 액체나 공기가 통하도록 몸속에 삽입하는 튜브.
10) 역주: 물에 휩쓸려 와서 강 어귀나 항구에 쌓이는 퇴적토.

인간 본성은 추상적으로 기술될 수 없다. 아동의 정신적 성장이 어떠한 경로를 취하든 간에 그것은 상당한 범위에서 다른 사람들이 그들에게 물려준 문화적 도구들의 기능이다.

반세기 전, 두 명의 괴르첼(Goertzel)은 '동시대인들이 그들에 대한 책을 쓸 정도로 명망 높은' 인물들의 아동기에 대한 연구(Goertzel & Goertzel, 1965)에서 다음과 같은 결론을 내렸다.

……그들에게는 배우는 것을 좋아하는 양 부모 혹은 한 부모가 있었으며, 그들 부모는 대개 신체적 활력과 지속적인 추진력을 가지고 있었다.

……지적이고 창의적인 아동은 사회의 가장 귀중한 자원으로 남았다. …… 그의 재능들은 우리의 상상력을 넘어선 방법으로 우리에게 보상할 수 있다.

그러나 진보는 필연적인 것이 아니다. 편견과 거짓이 지질학적인 단층선처럼 구조를 관통한다. 그곳에는 전염병, 전쟁, 기근과 같은 혼돈의 소용돌이가 있다. 인간의 비인도적 행위와 야만성을 상기시키는 끔찍한 이야기에서(Van Ee & Kleber, 2012), 현대 인류의 한 가지 측면이 설명되었다. 즉, 전쟁 무기와 복종 수단으로 사용된 강간이, 강간으로 인해 태어난 아이들을 위험에 빠지게 한다.

'안셀무스는 그림자 같다.' 아레이는 말했다. '과거의 그림자는 영원히 나를 괴롭힐 것이다.'
……그들은 함께 안셀무스의 삶을 강간에 의한 출생이 아닌 신이 주신 것으로 재구성하고자 노력했다.

템플릿은 분명 허용적이지만, 또한 제한적이다. '문화'는 축임 효과 (dampening effect)[11]가 만연하다. 거기에는 패러다임의 변환에 대한 뿌리 깊은 저항이 있다. 변화의 급격함은 불안, 스트레스, 불안정을 수반한다. 행성계가 지구 중심적이라기보다는 태양 중심적이라는 결의는 기이하고도 이단적인 것으로 받아들여질 수 있다. 문화적 동요에 대한 시간 변화율은 돌발적인 것이 아니라 세대에 따르는 것일 수 있다.

층화된 템플릿의 일부는 우리의 문학과 예술의 유산이다. 간단히 말해, 우리가 아이들에게 말하는 이야기들이다. 이것들이 발달의 기초이자 핵심 가치와 지각된 역사의 기초가 되며, 그것을 통해 본성과 정체성이 만들어진다. 우리 인간이라는 종은 이야기를 가지고 장난하는 긴 아동기를 갖는다 (Bjoklund, 2007). 만약 우리가 민족주의의 불길을 지피고자 한다면, 아이들과 함께 국가적 승리를 거둔 장소로 소풍을 가서 용감한 자유투쟁가들과 독립전쟁에 대해 가르치면 된다. 또한 아이들에게 검과 갑옷을 보여 주고 문화적 혹은 사회적 업적들과 문명의 장식들을 잊으면 된다.

마이클 로젠(Michael Rosen)은 영국의 교육 정책과 진정한 교육 사이의 단절에 대해 기술하면서 아동 월계관 수상자(Children's Laureate)였던 시절을 회고하였다(Rosen, 2009).

지금 일어나고 있는 일이 바로 차별이다. 읽을 책들이 있는 가정 출신의 아이들만 긴 산문을 통해 쉽게 획득할 수 있는 추상적이고 복잡한 사상들에 접근한다. 나머지는 학습지 정도만 접할 수 있다.

---

11) 역주: 물에 축축하게 젖듯이 다른 것의 기를 꺾거나 풀 죽게 하는 효과.

그는 또한 스페인 내전에서 탈출한 난민들을 찍은 카파(Capa)[12]의 사진에 대한 아동들의 반응들을 기술했다(Rosen, 2009). 그는 '우리가 재난이 발생할 때 집을 떠나야 한다면' 소중히 여길 기억들, 즉 상실의 경험, 현실적 경험과 상상된 경험들에 대해서 이야기하고 쓸 수 있는 공간에 앉아 있는 것이 일종의 '특권'이라고 느꼈다.

로젠은 아동기를 "……여러분이 여러분 자신을 '만드는' 곳"이라고 묘사한다(Kellaway, 2002). 그는 자신이 '아이 같은 어른(grown-up child)'라고 비난받았을 때 다음과 같이 말했다.

> 외부에서 볼 때 내가 유치하거나 아이같이 보이는 것은 내가 열정을 가지고 있기 때문이다. 나는 이 세상에 참여하며 살고 있다. 어떤 사람들은 이렇게 생각할 것이다. 좀 진정하는 게 어때?

이 글을 읽으면서도, 그리고 로젠의 저서를 몇 권 더 읽었을 때조차도, 나는 '어른이 된 아이들의 시인(The children's poet who grew up)'이라고 인쇄된 제목에서 '아이들의 시인(The children's poet who)'과 '어른이 된(grew up)' 사이에 파란색 잉크가 번지기는 했지만 읽을 수 있는 손글씨로 '거부하는(refused to)'이라는 말을 넣고 싶었다. 'grew'는 'grew'로 남겨 둔 채로.

조용한 토요일 아침의 응급실이었다. 여기에서 'Q[조용한(quiet의 Q)]'라는 글자는, 비평가의 저주와 유사하게, 재앙을 부르는 흉조라는 미신 때문에 금지된다. 어떤 일도 일어날 수 있고 또 일어난다. 램프가 소란스러웠고, 두 명의

---

12) 역주: 로버트 카파(Robert Capa, 1913~1954)는 매그넘 포토스의 설립자이자 20세기 가장 유명한 전쟁 보도 사진작가이다. 종군기자로서 스페인 내전 때 찍은 〈어느 병사의 죽음〉 사진으로 퓰리처상을 받았다.

앰불런스 요원들이 환자에 대한 정보를 미리 알려 주는 피드포워드를 외쳤다. "아동-소년. 4세. 보행자, 차에 치임, 의식 없음, 경추보호대, 대퇴골절, 부목."

우리는 준비되었으며, 나는 'A와 B'[13]를 한다. 물론 이것은 의료진이라면 누구나 훈련받는 것이다. 피, 진흙, 먼지가 그의 옆구리와 찢어진 셔츠에 엉겨붙어있었다. 그의 목에는 **보호대**(경추 안정유지, C-spine stabilised)가 채워져 있었고, 그는 카트 위에 놓인 척추 보호판 위에 눕혀져 있었다. 청바지에는 피가 흐르고 다리에는 부목이 대어져 있었다. 무시하자. 기도와 호흡에 집중하고, 우선순위를 정하고, 생명을 위협하는 부상을 찾자. 나는 왼손으로 그의 두개골 뒤쪽을 부드럽게 컵 모양으로 받쳤다. 그의 자세에서는 이미 '냄새가 난다.' 나의 숙인 고개는 그의 머리에서 5cm 거리에 있었다. **뺨에 그의 숨이 느껴지는가?**(아니-아직 아니다.)

그의 가슴이 움직이는지 아래쪽을 보라. 움직이는가? (아니-아직 아니다.) 계속 살펴보자. 계속 웅크리고 앉아 살펴보고 느끼면서, 나의 오른손을 그의 오른쪽 팔을 향해 움직였다. **상완동맥압을 찾아보자.** 동갑내기 간호사 피파가 C를 한다. 그녀는 이미 그 아이 옆에서 몸을 구부리고는 정맥을 찾기 위해 지혈대를 두른 아이의 팔을 톡톡 치고 있었다. 우리는 심폐소생술의 ABC(Airway-Breathing-Circulation, 기도-호흡-순환)를 하나의 시퀀스로 배우지만 사실 모든 것이 한 번에 일어나는 멀티플레이로 이루어진다. 나는 내 오른손이 그의 팔꿈치에 닿기도 전에, 뭔가 완전히 잘못되었다는 것을 안다. 보호대 위쪽의 그의 뒷머리를 받치고 있는 내 왼손 바닥에 뭔가 이상한 것이 있었다.

나는 시선을 돌리고 손을 약간 **뺐다.** 우리 네 명, 즉 나와 피파 그리고 두

---

13) 역주: 심폐소생술의 과정으로 A는 기도 확보(Airway), B는 숨 쉬는지 확인(Breathing), C는 순환 (Circulation)으로 흉부압박을 의미하여 본문에서는 정맥로 확보의 의미로 사용됨.

명의 응급요원 사이에는 서로를 이해하는 순간이 있다. 우리는 내 손이 감싸고 있던 두개골의 조각과 으깨진 뇌를 눈으로 확인한다. 나의 손가락 사이로 떨어져 내리고 있는 모든 것의 정체가 밝혀졌다. 끝났다.

우리는 그의 몸과 얼굴 위로 담요를 덮기 전에 잠시 멈춘다. 나는 램프 쪽에서 들려오는 어머니의 길고도 낮은 울부짖음을 듣는다.

잠시 후, 보호자 대기실에서 나는 그녀의 앞에 앉는다. 그녀는 아직도 위쪽으로 바람 빠진 축구공이 보이는 쇼핑 바구니를 들고 있다. 그녀는 흐느껴 우는 사이사이에 사건에 대해 이야기하고, 소년에 대해 이야기한다. 그리고 나는 듣는다.

• 참고문헌과 추천문헌 •

Bell SW, McLaughlin D, Huntley JS. Paediatric forearm fractures in the west of Scotland. *Scot Med J.* 2012; 57(3): 139-43.

Bjorklund DF. *Why Youth is not Wasted on the Young: immaturity in human development.* Malden, MA, Oxford and Melbourne: Blackwell Publishing; 2007.

Borges JL. The garden of forking paths. In: *Labyrinths.* London: Penguin; 1970. pp. 44-53.

Brazelton TB, Tronick E, Adamson L *et al.* Early mother-infant reciprocity. *Ciba Found Symp.* 1975; 33: 137-54.

Center on the Developing Child, Harvard University. *The Science of Neglect: the persistent absence of responsive care disrupts the developing brain.* Working Paper No. 12. 2012. Available at: http://developingchild.harvard.edu/ resources/reports_and_working_papers/working_papers/wp12/ (accessed 9 August 2015).

Genter on the Developing Child, Harvard University. *In Brief: The science of neglect* [video]. Cambridge, MA: Center on the Developing Child; 2015. Available at http://developingchild.harvard.edu/resources/multimedia/videos/inbrief_series/inbrief_neglect/ (accessed 9 August 2015).

Court-Brown CM, McBirnie J. The epidemiology of tibial fractures. *J Bone Joint Surg Br.* 1995; 77(3): 417-21.

Eunson P. Learning from low income countries: what are the lessons? Communities should decide priorities. *BMJ.* 2004; 329(7475): 1183.

Eunson PD. Development: are slogans appropriate? *Lancet.* 1984; 2(8410): 1041-2.

Goertzel V, Goertzel MG. Out of the cradle endlessly rocking. In: *Cradles of Eminence.* London: Constable; 1965. pp. 271-93.

Harari YN. And they lived happily ever after. In: *Sapiens: a brief history of humankind.* London: Harvill Secker; 2014. pp. 376-96.

Horton R. Offline: neurons, neighbourhoods, and the future for children. *Lancet.* 2013; 382(9894): 754.

Horton R. Offline: four drowning children. *Lancet.* 2015; 386(9990): 230.

Huntley JS. The Hunterian Museum (Glasgow). *Scott Med J.* 2012; 57(1): 1-3.

Huntley JS. Traction and the Thomas splint. In: Carachi R, Agarwala S, Bradnock TJ, eds. *Basic Techniques in Paediatric Surgery: an operative manual.* Berlin: Springer-Verlag; 2013. pp. 101-4.

Kavanagh RG, Kelly JC, Kelly PM et al. 2013. The 100 classic papers of pediatric orthopaedic surgery: a bibliometric analysis. *J Bone Joint Surg Am.* 2013; 95(18): e134(1-8).

Kellaway K. The children's poet who grew up. *Guardian.* 27 October 2002. Available at: www.theguardian.com/books/2002/oct/27/poetry.features (accessed 3 August 2015).

Kipling R. If. In: *Rewards and Fairies.* New York, NY: Doubleday, Page & Company; 1910.

Larkin P. This be the verse. In: *High Windows.* London: Faber & Faber; 1974.

Livingstone T. *Child of Our Time*: whatever happened to our children's playtime? *Telegraph*. 31 May 2008. Available at: www.telegraph.co.uk/news/uknews/2059471/Child-Of-Our-Time-Whatever-happened-to-our-childrens-playtime.html (accessed 4 August 2015).

McDermott C, Quinlan JF, Kelly IP. Trampoline injuries in children. *J Bone Joint Surg Br*. 2006; 88(6): 796-8.

Matthews TJ, Hamilton BE. *Delayed Childbearing: more women are having their first child later in life*. NCHS Data Brief No. 21. August 2009. Available at: www.cdc.gov/nchs/data/databriefs/db21.pdf (accessed 12 June 2015).

Mesman J, Van Ijzendoorn MH, Bakermans-Kranenburg MJ. The many faces of the Still-Face Paradigm: a review and meta-analysis. *Dev Rev*. 2009; 29(2): 120-62.

Newton I. Letter to Robert Hooke. 5 February 1676.

Rabinovitch D. Author of the month: Michael Rosen. *Guardian*. 24 November 2004. Available at: www.theguardian.com/books/2004/nov/24/booksforchildrenandteenagers.dinarabinovitch (accessed 3 August 2015).

Robertson E. *The Yorkhill Story: the history of the Royal Hospital for Sick Children, Glasgow*. Glasgow: Yorkhill and Associated Hospitals Board of Management; 1972.

Rogers EM. Elements of diffusion. In: *Diffusion of Innovations*. 5th ed. New York, NY: Free Press; 2003. pp. 1-38.

Rosen M. The ups and downs of a story. *Guardian*. 9 June 2009. Available at: www.theguardian.com/education/2009/jun/09/michael-rosen-creativity-in-the-classroom-teaching (accessed 3 August 2015).

Rosling H. The joy of facts and figures by Fiona Fleck. *Bull World Health Organ*. 2013; 91(12): 904-5.

Rosling H, Zhang Z. Health advocacy with Gapminder animated statistics. *J Epidemiol Glob Health*. 2011; 1(1): 11-14.

Schaffer HR. *Introducing Child Psychology*. Oxford: Blackwell Publishing; 2004.

Shonkoff JP, Phillips DA, eds. *From Neurons to Neighbourhoods: the science of early childhood development.* Washington DC: National Academy Press; 2000.

Singer P. Famine, affluence, and morality. *Philos Public Affairs.* 1972; 1(3): 229-43.

Singer P. The drowning child and the expanding circle. *New Internationalist.* April 1997.

Taylor-Whiffen P. Interview with Professor Robert Winston, presenter of *Child of Our Time.* Open University, UK; 2005. Available at: https://view.officeapps. live.com/op/view.aspx?src=http%3A%2F%2Fwww3.open.ac.uk%2Fevents%2 F7%2F2005112_38827_o1.doc (accessed 3 August 2015).

Tronick E. *Still Face Experiment.* 2015. Available at: www.youtube.com/ watch?v=apzXGEbZht0 (accessed 9 August 2015).

Tronick E, Als H, Adamson L *et al.* The infant's response to entrapment between contradictory messages in face-to-face interaction. *J Am Acad Child Psych.* 1978; 17(1): 1-13.

UNICEF. Child poverty in perspective: an overview of child well-being in rich countries. *Innocenti Report Card 7.* Florence: UNICEF Innocenti Research Centre; 2007.

UNICEF. Child well-being in rich countries: a comparative over-view. *Innocenti Report Card 11.* Florence: UNICEF Office of Research; 2011.

Van Ee E, Kleber RJ. Child in the shadowlands. *Lancet.* 2012. 380(9842): 642-3.

Wedge P. Prosser H. *Born to Fail? The National Children's Bureau reports on striking differences in the lives of British children.* London: Arrow Books; 1973.

Winston R. 2006. Filming child development. *Observer.* January 2006. Available at: www.researchgate.net/profile/Robert_Winston/publication/275484429_ Filming_Child_Development/links/553dd52e0cf2c415bb0t79d6?origin=public ation_list (accessed 4 August 2015).

5

퍼포먼스로서의
이야기

자크 커Jacques Kerr

이야기하기 : 퍼포먼스로서의 의학

깨닫지 못하겠지만 많은 임상의는 훈련된 배우이다. 그들은 대본의 대사를 전하고, 리허설을 하고, 무대에서 위치를 잡고, 드라마라는 매체를 통해 풍부하고 매혹적인 이야기를 하면서 하루를 보낸다. 하지만 대부분의 의사들은 '연기'란 실제가 아닌 것을 그런 척 가장하는 것, 심각한 임상과는 무관한 것으로 받아들이기 때문에 이렇게 생각하는 것을 꺼릴 것이다.

그러나 연기의 목적은 이야기를 하는 것이고, 내러티브는 모든 드라마의 생명소와 같다. 무대연기는 이야기를 4차원적으로 표현하는 것이며 여기서 연기자 혹은 연기팀들은 내러티브를 극적으로 만들기 위해 목소리와 움직임의 안무를 연출한다.

연기 분야가 의학에 강한 흥미를 가지고 있다는 사실은 텔레비전에서 방영되는 의학 드라마의 수에서도 분명하게 드러난다. 의학에 대한 대중적인 관심은 놀랄 만한 일도 아니다. 의학을 통해 인간의 상태에 대한 모든 가능한 측면들을 비출 수 있기 때문이다. 의학은 우리의 마음을 따뜻하게 하고 기운 나게 하는 것에서부터 비극적이고 슬프게 하는 것에 이르기까지 사람들이 아프거나 상해를 입었을 때 주목하게 되는 인간 본성의 모든 측면에 대한 가장 훌륭하고 가장 다양한 이야기를 할 수 있다.

하지만 연기는 단순한 엔터테인먼트 이상의 것이다. 우리가 그것을 인식하고 있든 혹은 모르고 있든 간에 연기는 우리 의사들의 직업에 널리 퍼진 작업 방식이다.

드라마와 의학의 역사적 연결

서구 극장의 기원은 선사 시대의 종교 의식에 있을 것이다. 사람들은 계절의 변화와 같은 자연 현상들을 이해하기 위해 그것들을 연기했을 것이다. 고대 정신심리학은 그러한 자연 현상에 영향을 줄 수 있다고 믿으면서 변화하게 된다. 원래 무당은 풍성한 수확, 부족 여성들의 다산, 또는 병을 치유할 수 있는 초자연적인 것을 전달하는 힘을 가지고 있었다. 만약 아마존, 보르네오, 호주에서와 같이 현존하는 '선사시대' 종족의 무당이 그들의 선조들이 하던 것을 재현한다면, 정교한 보디 페인트와 밝은 색상의 의상이 강렬한 에너지를 가진 춤과 리드믹한 동작과 함께 어울려 한 개인을 초자연적인 의식을 수행하는 전달체계가 되게 하고있다.

고대 그리스에서 사람들은 약과 치유의 신인 아스클레피오스에게 기도했다. 아스클레피오스의 신전은 사제들이 건강하게 먹고 운동하고 보다 건강하게 생활하는 방법 등을 포함한 건강 교육을 하는 치유의 신전이었다. 저녁이면 사제들은 그들의 환자들이 아스클레피오스가 보내 주는 꿈을 받을 수 있도록 준비시키기 위한 가장행렬을 개최했다. 그들은 꿈을 신이 도움과 치유를 위해 보내 주는 메시지로 여겼다. 어떤 경우에는 꿈에서 아스클레피오스가 환자에게 어떻게 그들의 병을 치료할지 직접 알려주기도 했다. 아스클레피오스의 신전에서 환자들은 극장에서 자신의 병을 연기하고 치료법을 보여 주는 배우들의 공연을 지켜보았다(Hartigan, 2009).

이러한 '치유 연극'은 대개 짧게 공연되었는데, 이는 관객들이 대부분 불편한 몸 상태에 있었기 때문이다. 이러한 공연의 대부분은 코미디였다. 웃음이 병의 회복에 공헌한다고 알려졌기 때문이었다. 그러나 때로 비극이 공연되기도 했다. 그리스인들은 연극과 문학 이론에 관한 최초의 진정한 논문인 아리스토텔레스의 『시학(Poetics)』에 기술된 기술, 즉 카타르시스에 이르는 데 있어 비극의 역할을 인정했다(Aristotle, 1996). 환자들은 무대 위에서 연기되고 드라마 매체를 통해 실제화된 그들의 고통을 지켜볼 수 있었다. 이러한 방식으로 사람들은 '병과의 싸움을 재연'할 수 있었고 그들의 병에 대한 심리적인 요인들을 받아들일 수 있게 되었다. C. S. 루이스(C. S. Lewis)의 생애 이야기에 바탕을 둔 영화 〈섀도우랜드(Shadowlands)〉[1]에서 그의 학생들 중 한 명은 '우리는 혼자가 아니라는 것을 알기 위해 책을 읽는다.'라고 주장한다(Attenborough, 1993). 즉, 다른 사람이 그들의 경험을 말하는 것을 들으면 우리 안에서 강한 공감이 일어나고 우리의 공통된 정체성이 확인된다. 오늘날 우리 환자들 대부분, 특히 만성 질환이나 말기 질환을 앓고 있는 환자들은 블로그와 트위터를 통해 이러한 접촉과 안정감을 얻는다.

퍼포먼스의 실행은 어떠한 치유 상황에도 필연적으로 수반된다. 관찰자의 입장에서 보면, 악령에 홀린 사람에 대한 그리스도의 퇴마와 간질 지속 상태(status epilephius)에 있는 환자의 발작 행동을 종결시키는 의사는 동일한 기

---

1) 역주: 리처드 아텐보로 감독의 1993년 개봉(한국은 1995년 개봉) 영화로 안소니 홉킨스와 데브라 윙거가 주연을 맡았다.

호학적 의미를 가질 것이다. 극적 대비가 무시될 수 없다. 분명히 수많은 고대 문화에는 정신적인 힘이 드라마와 신비주의에 수반되리라는 기대가 있었다. 고대 그리스와 로마에서는 드라마를 통한 스토리텔링이 치유 과정을 증폭시키고 증가시키는 데 사용되었고 마음과 몸의 상호 관계를 그런 식으로 강조하는 데 거리낌이 없었다. 이후 천년 동안 서양 문화에서는 이러한 생각들에 대한 변화가 거의 없었다. 중세 초기의 미스테리극 혹은 기적극들은 기독교적 배경을 가지고 있음에도 불구하고 이러한 개념이 반영된 것이었다. 1210년에 교황이 금지령을 내리기 전까지 성직자들은 그리스 신전의 사제들과 유사한 배우들이었다. 이후로는, 극단의 전신인 길드가 그 역할을 맡게 된다.

17세기의 철학자 르네 데카르트(René Decarles) 사상의 중심에는 마음―몸의 이원론이 있었는데, 이것이 마음에 대한 철학에 계통발생론적 분열을 가져왔다. 비록 마음―몸 분리에 대한 정신적이고 철학적인 측면이 지금은 크게 불신되고 있지만, 서양 의학은 환자의 정신적 그리고 정서적 요구보다 신체적 치료를 강조하는 경로를 따라 발전되었다. 데카르트적 분리를 연장함으로써, 전통적인 의학은 스토리텔링과 드라마를 치유 과정의 중앙무대에 세우는 경로에 접근할 수 없었다.

연기 과정

연기란 극적인 진실을 발견하고 표현하는 모든 것이다. 훌륭한 배우들은 목소리와 동작을 윤색하고 다양하게 하며, 공간을 최대한 창조적으로 활용함으로써 이야기를 생생하게 전개시켜 나간다. 하지만 무엇보다도 그들은 자신의 순수하고 진솔한 묘사를 통해 최면을 걸고 우리를 유혹한다. 감정적인 진실은 연기에서 가장 중요한 목표인데 이것은 단순한 모방이나 단지 그런 척하는 역할-연기를 피함으로써 성취될 수 있다.

배우들은 연주자들이 악보를 연주하는 데 따르는 정신운동성 어려움을 극복하기 위해 음계, 테크닉, 화음 그리고 음색을 연습하는 것과 똑같이, 목소리, 동작, 춤 그리고 무대 연습을 집중적으로 훈련 받는다. 더 중요하게는 음악가와 배우들은 작품의 본질을 파악하기 위해 노력한다. 캐릭터들의 본질을 포착하는 것이 모든 훌륭한 연기의 정수이다. 그런데 한 배우가 어떤 캐릭터를 표현하는 방식은 다른 배우가 동일한 역할을 연기하는 방식과 매우 다를 것이다—창조적인 접착제가 다르다. 이것은 단순히 신체적인 차이 때문에 그런 것이 아니라 기본적으로 그들의 정체성을 형성했던 경험의 저장고가 다르기 때문이다. 한 플루트 연주자는 바흐의 안단테를 슬픔에 잠겨 연주하는 반면 다른 연주자는 향수를 표현할 것이다. 각각의 연주자의 선택은 그 순간의 내적 감정 상태뿐만이 아니라 전 생애에 걸친 경험과 감정에 의해 결정된다. 따라서 '삼류 연기'는 누군가가 기계적이고 거짓된 방식으로 화가 나거나 격앙된 '척을 할' 때 나오는 반면, 가장 좋은 연기는 배우가 그 순간에 직접적으로 경험한 실제 감정들을 묘사하고 그것들을 드라마의 연료로 사용하는 데서 나온다. 이러한 견지에서 보면, 드라마는 당신이 출근길에 부르는 아리아와 오페라의 공연 사이의 관계처럼 의사들이 매일 수행하는 연기 과정의 좀 더 정교하고 고조된 버전이라 할 수 있다.

이를 설명하기 위해 간단한 연습을 해보자. 몇 분 동안 다음의 각 시나리오에 대해 생각해 보자.

- 당신은 진정 원하는 직업을 위해 면접을 보고 있는 중이다. 그런데 잘 되지 않는다. 당신은 자신감 있지만 겸손하고 지식이 많지만 공손하게 보이려고 노력한다. 당신은 모든 시선이 당신을 향해 있다는 것을 알고 있

다. 면접관들은 당신이 전혀 모르는 주제로 변화구와 같은 질문을 던졌
고 당신의 즉각적인 반응은 눈앞이 캄캄하고 아무 생각도 나지 않는 마
비 상태와 같았다.

• 이제 당신이 강가의 술집에 있다고 상상해 보자. 때는 화창하고 따뜻한
여름 저녁이다. 당신은 가장 가까운 친구들과 가족들에 둘러싸여 있고
와인이 이야기만큼이나 넘쳐난다. 이 순간은 목가적이고, 영원하며, 어
린아이와 같이 순수하고 찬란하다.

• 지금 당신은 파트너와 격렬한 논쟁을 벌이고 있는 중이다. 당신이 승진
할 수 있도록 그가 오래 살던 곳에서 떠나 지역을 옮기기로 서로 동의했
었다. 당신들은 이 문제에 대해 충분히 논의했고 이렇게 하는 것이 비록
그의 입장에서는 희생을 치르게 될지라도 장기적으로는 두 사람 모두에
게 더 좋을 것이라는 데 동의했다. 하지만 이제 그가 마음을 바꿨고 오지
않겠다고 말한다. 당신은 자기중심적이고 그의 요구와 경력을 무시한다
는 비난을 받고 있다.

각각의 상황에서 당신이 누구인지를 생각해 보자. 당신의 '내면 연기'에 대해
생각해 보자. 즉, 당신 성격의 어떤 측면이 각각의 상황에서 강조되는지 생각
해 보자. 각 시나리오마다 당신은 주인공으로 등장하지만 당신이 '연기하는'
캐릭터는 경우에 따라 미묘하게 다르다. 어떤 경우도 그런척하거나 연기하
는 척하지 않는다. 단지 당신이 처한 상황에 가장 잘 맞는 자신의 성격적 측
면을 선택해서 표현한다. 이것은 어떤 이름으로든 연기이다. 전문적인 연기
란 단지 연예, 치료, 역할 연기, 혹은 인생 코칭을 위해 우리의 성격들의 이러
한 매우 다른 요소들을 사용하는 것이다.

그들의 전문성에는 연기 이외의 것도 있다. 낮에 고등법원 판사의 역할을
한 사람은 집에 돌아가서 그의 아기 손자의 할아버지일 때와는 완전히 다른

사람이다. 비슷하게, 권위 있는 수련 병원 외과의 과장으로 재직하고 있는 55세 여성이 수요일 저녁 사교댄스 수업을 위해 댄스 신발을 신었을 때는 전혀 다른 여성이 된다. 우리 안의 수많은 페르소나가 병적이거나 타협할 수 없는 상태로 있는 것은 아니지만 서로 밀치며 나오려 하고 있다. 그래서 '연기'는 어떤 경우에 어떤 성격의 측면을 표현할지 선택하는 것처럼 보인다.

하지만 연기자는 어떤 역할을 연기할 때 어떻게 이질적인 정체성을 받아들일 수 있을까? 그리고 어떻게 그들이 동시에 그들 자신과 다른 누군가가 될 수 있을까? 심리학적인 관점에서 보면 이것은 화가가 사실주의적으로 그림을 그리는 방법과 유비된다. 베티 에드워즈(Betty Edwards)의 책,『우뇌에 그리기(Drawing on the Right Side of the Brain)』에서는 우세한 왼쪽 반구를 '끄고' 오른쪽 반구의 창의적인 모드를 사용한다면 사실주의 그림을 효과적으로 그릴 수 있다고 제안했다. 이것은 로저 스페리(Roger Sperry)와 마이클 가자니가(Michael Gazzaniga)가 개발한, 두 개의 뇌 반구가 서로 다른 기능을 한다는 이론에 바탕을 두고 있다. 언어 처리에 전념하는 좌반구는 분석적·수학적·순차적 처리를 하며 근본적으로 수렴적 사고를 하는 반면, 우반구는 전체적·종합적·직관적·상상적 그리고 확산적 사고를 한다는 것이다. 이 책(그리고 드로잉 과정)은 학생들이 드로잉 능력을 빠르게 습득할 수 있는 연습을 제공한다(Edwards, 2001).

현재의 신경과학은 이 개념이 시대에 뒤떨어진 것이라고 주장한다. 왜냐하면 일부 뇌 기능이 실제로 한쪽 반구에서 일어나는 것은 사살이지만, 뇌 신경영상(neuroimaging)과 EEG(electroencephalogram, 뇌파도) 연구는 예술적이든 과학적이든 창조성은 이쪽 혹은 저쪽 반구에 위치하지 않으며 심지어 뇌의 특정한 위치에 자리잡고 있지 않다고 말한다(Dietrich & Kanso, 2010; Nielsen et al., 2013). 그러나 많은 예술가와 공연자가 이 아이디어에 의해 힘을 얻고 심지어 변화되었다는 것에는 의심의 여지가 없다. 비록 이 개념에 결함이 있을지라도, 그것의 진정한 가치는 퍼포먼스에 접근하는 새로운 방법을 자극하고 자유롭게 한 것이다.

클라크 볼런(Clark Bowlen)은 1985년 미국 연극 협회에서 발표한 논문, 「연기의 우반구/좌반구 모델(A Right Brain/Left Brain Model of Acting)」에서 배우들이 '창조적인' 우반구에 캐릭터를 둠으로써 자신의 역할을 깨닫게 되는 것을 보여 주는 분할뇌 모델(a split-brain model)을 주장했다(Bowlen, 1985).

연기는 이중적이다. 동시에 두 사람이 되는 것이다. 배우는 단지 캐릭터를 묘사하거나 표현하는 것이 아니라 진정으로 다른 사람이 된다. 하지만 그는 여전히 자신의 모습을 유지하고 있다. 그는 하나에서 두 가지 실체를 갖는다.

리허설과 공연에서 배우들은 그들이 연기하는 캐릭터가 그들이 누구인지를 나타내는 표면 아래서 끓어오르며 무대에 불이 켜질 때 등장하기 위해 준비하면서 '날개를 펴고 기다리고 있다'고 말한다. 음악가들은 연주를 시작하기도 전에 악기를 집어 들기만 하면 상상의 원더랜드가 열린다고 말한다.

화가, 배우, 음악가들은 그림을 그리고 악기를 연주하고 연기를 할 때 흔히 황홀경과 같은 상태에 빠진다고 말한다. 그들은 시간의 흐름에 대한 인식을 잃거나 중단한다. 그들은 완전히 집중하고, 고양되며, 크로아티아의 심리학자 미하일 칙센트미하이(Mihály Csíkszentmihályi)가 '몰입(flow)'이라고 부르는 즐거운 상태로 들어간다. 많은 배우가 무대에서 연기하는 것은 그들이 경험해 본 것 중 최고이며 어떤 것도 그와 유사하지 않다고 말한다. 일부 임상의는 이와 유사한 상태를 경험한다. 수술에 완전히 몰입된 외과 의사에게는 8시간에 걸친 수술이 빠르게 지나갈 수 있으며, 의식의 회복을 유도하는 인공호흡 소생법을 시도하는 사람들도 유사한 현상, 즉 시간이 어떻게 흐르는지 전혀 몰랐다고 말한다. 바로 이러한 이유로 실제로 일어난 사건들을 그려

내는 데는 글을 쓰는 사람이 필요하다.

캐릭터 구축하기

현대 연기 이론과 실제의 대부분은 콘스탄틴 스타니슬라프스키(Konstantin Stanislavski, 1863~1938)의 이론에 기초한다. 그는 과정(praxis, 과정 혹은 실제적 적용) 연기를 개발했는데, 이것은 배우들이 캐릭터를 창조하고 연기하는 방법을 혁신한 이론이었다. 이 이론은 배우들이 극적인 사실주의를 달성한다는 중요한 목표와 함께 목소리, 움직임, 무대 장치 등을 포함하여 배우의 역할을 위해 갖추어야 하는 수많은 요소를 하나로 결합시킨 이론이었다. 스타니슬라프스키는 배우가 자신의 풍부한 경험, 감성 지능, 근감각적 기억을 이용해 캐릭터를 묘사할 필요성을 강조했다(Stanislavski, 1950).

더 최근에 리 스트라스버그(Lee Strasberg)의 '메소드(method)' 연기는 '액터스 스튜디오(Actors Studio)'에서 가르치는 '종교'로 칭해지며 인기를 얻었다. 액터스 스튜디오는 뉴욕 맨해튼 지역의 교회를 개조해서 만든 곳이다. 메소드 연기는 배우가 그들의 캐릭터를 광범위하게 연구하게 하고, 때로는 각인되고 정확한 감정적 기억을 확보하기 위해서 배우가 캐릭터의 경험을 실제 살게 할 정도로 진실과 사실주의를 추구한다. 더스틴 호프먼(Dustin Hoffman)이 〈마라톤 맨(Marathon Man)〉에서 그의 캐릭터를 위해 일부러 수면 부족에 빠졌다는 출처를 알 수 없는 이야기는 극단적인 예이다[더스틴 호프먼이 그 역할을 어떻게 연구했는지에 대해 듣고, 그의 공동 주연 배우인 로렌스 올리비에(Laurence Olivier) 경이 "얘야, 그냥 그렇게 연기하는 게 어때?"라고 반응했다고 한다]. 많은 임상의가 일단 자신이 그러한 과정을 경험하고 나면 진통이나 진정, 그리고 '사소한(minor)' 과정에 대한 관점이 극적으로 바뀐다는 점도 주목할 만하다.

스타니슬라프스키와 스트라스버그는 연기에 진정성과 현실성을 가져다주는 유일한 방법이 캐릭터와의 연결이라고 가르친다. 즉, 자기 안에서 캐릭터와 중복되는 특성들을 찾고, 그 역할을 재연할 때 자신의 경험에 의존해서 이러한 특성들을 선택하고 강조하는 방법이다. 관객이나 정중(우리의 경우에는 환자나 그들의 가족)은 감정적으로 진실하지 않은 묘사를 인지하고 거부하는 거짓말 탐지기이다.

연극배우들에게 하는 햄릿의 연설은 어떻게 연기해야 하는가에 대한 훌륭한 요약본이며, 셰익스피어가 자신의 배우들에게 전달했던 부호화된 답이었다. 이 연설은 삼류 연기를 버려야 할 필요성을 강조하기 위해 운문이 아닌 산문으로 전달된다는 점에 주목하라.

『햄릿』 3막 2장

햄릿: 대사를 말할 때, 제발 내가 해 보인 대로 자연스럽게 해 주게. 그렇지 않고 어떤 배우들처럼 과장하여 고래고래 소리 지르며 대사를 읊조릴 것 같으면, 차라리 약장수를 데려와서 대사를 읊조리게 하는 것이 더 나을 걸세. 또 손으로 허공을 톱으로 자르듯 하지 말고, 제발 자연스럽게 조용히 움직이게. 또한 폭포처럼, 폭풍처럼, 아니, 뭐랄까, 회오리바람처럼 감정이 격렬하게 일어난다고 해도, 자제심을 잃지 말고 그런 격정을 자연스럽게 표현할 수 있어야 하네. 아, 정말 화나는 일은 가발을 쓰고 격정에 사로잡힌 배우가 등장해서 엉터리 무언극을 하거나 야단법석을 떨어야만 겨우 알아듣는 삼등석 관중들을 상대로 귀청이 터져라 고래고래 소리를 질러 감동적인 장면을 엉망진창으로 망쳐 놓는 일이야. 터머건트(Termagant)[2]보다 더 난폭하게 연기하는 자들은 채찍으로 맞아도

---

2) 역주: 터머건트는 사라센족이 신봉하는 포악한 신으로 중세 영국의 극에서도 포악한 성격을 가진 인물로 등장한다.

싸. 폭군 헤로드(Herod)[3]보다 더한 놈이지. 제발 그러지 말아 주게.

배우1: 분부 명심하겠나이다.

햄릿: 하지만 너무 맥없이 연기해서는 안 되네. 대신 각자 자신의 분별력을 스승으로 삼아 생각해 보도록 하게. 연기는 대사에, 대사는 연기에 맞추고, 특히 주의해야 할 것은 자연의 절도를 벗어나지 않도록 연기하는 것이네. 무엇이든 도가 지나치면 연극의 목적에 벗어나는 것. 연극의 목적이란 예나 지금이나, 과거나 현재나 여전히, 말하자면 자연에 거울을 들이대어 비추어내는 것이니, 옳은 건 옳은 대로 그른 건 그른 대로 그대로의 모습을 비추어 그 시대의 참다운 모습과 양상을 그대로 보여 주는 일이라네. 내 다시 말하지만, 만사에 넘치거나 모자라게 되면 판단력이 미숙한 관객들을 웃길 수 있는지는 몰라도 식자층에겐 전혀 통하지 않아. 한 사람이라 할지라도 그런 식자층 관객의 비난은 극장을 가득 메운 다른 미숙한 관객들 전체의 칭찬보다 더 중요한 셈이라네.

(Shakespeare, 1986)

잘 훈련된 배우는 캐릭터를 구축하기 위한 관련 특성들을 꺼내기 위해 다양한 경로에 의존한다. 각각의 배우는 각각 다른 기법을 사용하며, 다른 창조적인 전문직종과 마찬가지로 배우들도 어떤 기법이 그들에게 가장 잘 맞는지에 있어서 엄청난 차이가 있다. 한 가지 예로, 어떤 배우들은 '동물연기 작업(animal work)'에 가장 잘 반응한다. 본질적으로 이것은 모든 캐릭터는 특정한 동물에 비유될 수 있다는 가정에 의존한다. 따라서 캐릭터에 근접한 동물을 찾는 것이 중요하다. 일단 배우가 캐릭터에 가장 잘 맞는 특정 동물을 선택하면, 그 또는 그녀는 이 동물을 동물원, 프로그램, 책, 또는 인터넷을 통해

3) 역주: 헤로드는 예수 탄생 당시 유대인들을 통치했던 왕이다. 햄릿 원문의 'It out-Herods Herod.'는 연기가 실제 헤로드보다 더 지나치게 오버액션을 한다는 뜻이다.

연구함으로써 캐릭터에 이 동물의 물리적 속성을 가져와 근감각적으로 연기할 수 있다. 따라서 체호프(Chekhov)의 〈세 자매(The Three Sisters)〉 중 알렉산드르 베르시닌은 강아지로, 〈오셀로(Othello)〉의 이아고는 뱀으로, 〈템페스트(The Tempest)〉의 칼리반은 원숭이로 연기될 수 있다.

또 다른 기법은 의상과 가면을 사용하는 것이다. 일단 배우가 왕자의 옷을 입으면 그는 그의 사고방식을 캐릭터의 것으로 바꾼다. 종종 극중 캐릭터의 복잡한 3차원 매트릭스를 만들기 위해 수많은 기법이 통합되고 덧씌워진다.

이러한 측면을 의학으로 확장하는 것은 설득력이 없어 보일 수 있다. 그러나 우리의 캐릭터를 의사로서 구축하는 것은 강한 공명을 준다. 의상의 역할은 연기하는 것만큼이나 의학과 관련이 있다. 우리가 수술복이나 유니폼, 수술가운 혹은 마스크를 착용할 때 즉시 캐릭터가 변화하기 때문이다. 의상은 우리의 의학적 캐릭터를 구축하는 데 매우 강력한 지렛대가 된다. 팔꿈치 아래에 무엇이든 착용하면 감염될 가능성이 더 높다는 것을 증명하는 연구가 발표되었음에도, 의사들이 전통적인 긴 소매 흰색 가운을 벗는 데는 수년이 걸렸다. 왜냐하면 그것은 우리의 캐릭터를 만드는 힘이 있기 때문이다. 좋든 싫든 환자들은 표지로 책을 판단한다. 그들은 전통적인 의상과 잘 알아볼 수 있는 명찰을 단 흰색 가운을 입은 깔끔한 차림의 사람을 선호한다(Lill & Wilkinson, 2005; Au et al., 2013).

어렸을 때 우리는 옷 입히기 게임에서 의상을 사용했다. 경찰복 또는 소방복은 해당 인물이 될 수 있는 허가를 주며 조개껍질과 같이 보호하는 역할을 했다. 마찬가지로, 우리에게 수술 가운은 감염으로부터 보호하는 것 이상의 역할을 하며 수술할 권리를 부여한다. 그리고 수술용 마스크를 착용하는 것은 단순히 보호에 그치는 것이 아니라 외과 의사의 눈을 강조하고 입에 중점을 두지 않도록 한다. 이 '수술장(theatre)'에서 하는 이야기는 단순한 구어적 내러티브가 아니다.

동물연기 작업, 친구의 걸음걸이 흉내, 의상 입기, 그 역할로 살아보기는 모두 배우가 캐릭터로 되게 한다. 이러한 각각의 기법은 우리가 우리 자신의 성격적 특성과 캐릭터의 특성을 중첩시키는 것을 목표로 한다. 우리 중 누구도 연쇄 살인범, 저택에 사는 18세기 숙녀, 강력한 지니, 또는 가라앉는 배의 선장 역할을 할 것 같지는 않다. 하지만 우리 모두는 그들이 될 수 있는 능력이 있고, 우리의 감성적인(affective) 기억 안에서 문제의 캐릭터의 본질을 표현하는 공통된 특징과 요소를 찾을 수 있는 능력이 있다.

이 과정은 잘못될 수 있다. 배우들은 캐릭터가 자신의 정체성을 삼켜 버려 자신의 성격과 캐릭터 사이의 경계를 잃게 되는 '빙의 증후군(possession syndrome)'의 희생물이 될 수 있다. 이것은 의료계에서도 종종 일어날 수 있는데, 우리의 역할이 우리가 하는 일과 말하는 모든 것을 대신하여 한 개인으로서 우리를 가려 버릴 때 그러하다. 그럼에도 불구하고 캐릭터를 구축하는 것은 교사, 목사, 변호사, 의사, 간호사, 경찰 등 다른 사람들과 상호작용하는 모든 전문 직종에서 중요한 과정이다. 우리는 우리의 내담자, 환자, 학생들과 접촉하는 하나의 방법으로서 하나의 캐릭터에 머무른다.

연기 훈련의 필수적인 요소는 우리의 약점을 마주하는 것이다. 만약 우리가 특정한 캐릭터의 특성에 불편함을 느낀다면 역할을 연기하는 것은 불가능하다. 우리는 이것을 표현하는 것이 부끄러워 피할 것이고 우리의 캐릭터는 깊이와 신뢰를 잃을 것이다. 우리 자신이 소유하고 있지만 부끄럽게 여기는 특징을 가진 캐릭터를 연기하는 것은 그 캐릭터에 생명을 불어넣는 것을 불가능하게 만든다. 만약 우리가 우리 자신의 성생활에 불편함을 느낀다면 동성애자라는 캐릭터를 연기하는 것이 불가능하게 될 것이다. 마찬가지로, 우리가 경멸하는 특성을 가진 환자를 돌보는 것은 그 환자와 관계 맺고 공감하는 것을 어렵게 만들 것이다.

역할을 연기하는 데는 엄청난 양의 감성적인 기억력이 필요하다. 배우들은 끊임없이 그들의 감정의 범위를 넓힐 수 있는 경험을 찾는다. 『배우되기 (Being an Actor)』에서 사이먼 캘로(Simon Callow)는 마이클 매클리어머라는 사람에 대해 이야기한다. 그는 가장 친한 친구가 죽었을지 모른다는 소식을 듣고는 울음을 터뜨리면서 그가 묵고 있는 호텔의 프런트를 향해 달려 내려 간다. 내려가는 길에 그는 거울을 지나다 거울 속에 비친 자신의 모습을 보고 는 생각한다. '오, 저것이 세상에서 가장 사랑하는 사람이 방금 죽었을 때 사람들이 보이는 모습이구나.' 캘로의 요점은 바로 이것이다. "배우는, 다른 예술가들처럼, 망각할 수 없는 사람이다. 화가의 매체는 페인트이고, 작가의 매체는 말이다. 배우의 매체는 캐릭터이다."(Callow, 1995).

유사하게, 훌륭한 임상의가 되기 위해서는 엄청난 기억력이 필요하다. 이 것은 단순히 의학에 대한 지식만이 아니라 우리가 만나는 거대한 범위의 캐릭터들에 대한 지식이다. 환자들의 캐릭터를 읽는 것은 그들의 상태에 대한 지식만큼이나 환자의 임상 상태를 진단하고 관리하는 데 중요하다. 심한 복부 통증으로 응급실에 온 탈장수술 병력을 가진 금욕적인 농부의 경우와 복막염 증세를 보이지만 성관계는 가진 것이 없다고 말하는 십 대 소녀의 경우, 매우 다른 예상을 하게 된다.

리허설과 팀 플레이

훌륭한 공연은 우리를 벽에 붙어 실제 상황을 엿보는 파리처럼 느끼게 한 다. 공연에 참여한 배우들은 이 때문에 많은 시간을 들여 리허설을 한다. 많 은 시행착오 끝에서야 연극은 마침내 관객들이 볼 만한 쇼로 탈바꿈한다. 첫 날 공연 이후라 할지라도 그 쇼는 그것만의 삶과 자연사를 가지고 있다. 하나 의 드라마는 확정적이기보다는 그것이 상연되는 내내 유기적 상태로 존재한다. 하룻밤에서 다음 날에 이르면 그것의 정체성이 변형되고, 모든 대사에 예측 불가능과 놀라움이 덧붙여진다. 배우들이 대사를 잊어버리고, 소품들이 고장나고, 조명이 나오지 않고, 관객들이 기대했던 대로 반응하지 않는 '행복한 실패들'은 배우들을 긴장하게 한다. 게다가 연극의 성격이 변화되기도 한다. 배우들은 그들의 대사에서 새로운 의미를 발견하고, 그들의 역할을 보는 렌즈에 미묘한 변화를 가져온다. 이러한 연쇄효과는 무대연기의 복잡한 적응 시스템이 변경되는 것이며, 대부분 예기치 않게 좋은 결과를 얻게 된다.

리허설 과정은, 실제 임상에서도 그러하듯이, 예측 불가능한 것이다. 처음에 의대 학생들은 그들의 첫 환자들과 리허설을 한다. 대부분의 학생은 낯선 사람들과 쉽게 이야기하고 그들의 건강과 안녕에 대해 물으며 하루를 보낼 수 있는 사회적 확신과 삶의 기술을 가지고 있다. 하지만 심부전을 앓고 있는 70세 여성의 병력에 대해 알아 보라는 요청을 받자 그 기술과 확신이 사라졌다. 이는 부분적으로는 무엇을 물어볼 것인지에 대한 지식의 부족하고 무엇이 관련되어 있는지 이해하는 것이 중요해서 그러하지만, 주로는 의학적 '행동'의 최고 전문가인 **환자**에 의해 관찰되고 감사를 받을 역할을 처음 맡게 되었다는 불안감 때문이다. 환자들은 최고의 거짓말 탐지기이며 그중에서도 아이들은 가장 안목이 높다. 환자들은 매우 박식하고, 숙련된 비평가들이다. 종종 그들은 환자로서의 여정 동안 의대생 무리들을 봐 왔고, 학생 또는 의사가 자신들이 하고 있는 일을 제대로 파악하고 있는지 즉시 알 수 있다. 이것이 전문적인 배우들이 점점 더 의과대학과 대학원 시험에 이용되는 이유이다. 우리 모두는 어느 때에 환자였다. 그래서 배우이자 전직 환자인 사람은 모두 최고의 비평가이다. 그들의 전문적인 연기 훈련은 그들이 어떠한 의학적 질문에도 일관되게 반응하고 필요에 따라 즉흥적으로 대처할 수 있게 해 준다.

드라마 스쿨과 의과대학은 그들에게 수반되는 정신운동, 감정적, 사회적 도전에 유사한 실천 과정을 공유한다. 복강경 담낭절제술이나 심폐소생술의 연출은 리허설실에서의 복잡한 상호작용과 흡사하다. 미묘한 차이가 있다면 드라마에서 역할은 주연이지만 의식이 없기도 하고 대사도 없는 배우로서 환자가 있다는 것이다. 하지만 그들의 이야기는 그들의 몸의 구조, 생리 그리고 치료에 대한 반응을 통해 계속된다.

대본

연기는 보통 대본이 필요하다. 말하는 대사가 없어도 대본은 배우에게 어떤 동작을 만들고, 언제 어디서 무대 밖으로 나가야 하며, 어떤 소품이 필요한지, 배경이 어디인지 등을 알려 준다. 대본이나 악보에는 그 곡을 연주하는 방법이나 캐릭터가 되는 방법이 포함되어 있다. 이것은 열린 해석을 허용하여 배우가 그 캐릭터에 유연하게 접근하는 것을 허용하지만 다른 것들은 잘 규정되어 있다. 모든 배우는 대본이 캐릭터가 되는 그 순간을 잘 안다. 몇 주 동안 대사를 외운 후에, 그들은 단순한 기억 이상으로 텍스트와의 연결을 만들어 낸다. 이제 그들은 소유권을 가지고 말로 캐릭터를 구성한다. 셰익스피어는 종종 연기자를 감독하기 위해 많은 노력을 기울였는데, 심지어는 캐릭터가 어떤 동물이 될지에 대한 단서까지 줬다. 예를 들어, 이아고의 말에는 반복되는 치경음으로 쉬쉬거리는 S 사운드가 나오는데, 이것은 데스데모나에 대한 오셀로의 마음에 해를 끼치는 전형적인 뱀으로 묘사되어야 한다는 것을 나타낸다.

비록 기록되어 있지는 않지만 '대본'은 환자와 그 가족과 의사소통을 할 때도 똑같이 필요하다. 의사들이 정보를 전달하거나 나쁜 소식을 전할 때는 소품을 최소한으로 줄여야 한다. 예를 들어, 의사는 그들과의 만남을 방해할 수 있는 무선호출기를 소지하지 않아야 한다. 화장지 한 상자나 물 한잔과 같이 환자의 친지들이 필요로 하는 물품을 제외하면, 이 상담은 흔히 '소품이 없는' 상태로 진행된다. 또한 의사소통을 하기 위한 올바른 '캐릭터'를 사용해야 한다. 목소리는 낮추고, 행동은 천천히 하고, 정보는 전문용어 없이 명확하게 전달되어야 한다. 환자나 가족들이 당신과 대본의 같은 페이지를 보고 있다면, 예상한 방식으로 반응하고 적절한 단서를 제공하여 이 장면은 목표를 깔끔하게 달성한 후 마무리될 것이다. 그러나 개인이 나쁜 소식을 들을 때 경험하는 잘 문서화된 일련의 감정적 반응들(거부, 분노, 우울, 수용)이 일어나지 않을 수도 있다. 그들이 예측하지 않았던 '대본에 없는' 반응을 보이면, 즉흥 연기가 필요하다.

의료 전문가들 사이의 의사소통은 종종 간과되지만 이 또한 내러티브를 매개로 존재한다. 준의료종사자는 응급 의사나 간호사에게 '이야기'를 전달하고, 그들은 그 이야기를 이후 환자를 맡는 의사에게 전달한다. 수련의는 이후에 병동 라운드에서 환자를 자문의에게 소개한다. 이야기가 어떻게 전해지는가는 많은 형태를 취할 수 있고 다양한 매트릭스를 사용할 수도 있다. SBAR(Situation-Background-Assessment-Recommendation, 상황-배경-평가-권고) 접근 방식을 통한 구조화된 인계가 점점 강조되고 있다(Baile et al., 2000).

무대연출 기법과 퍼포먼스 공간

한 편의 각본의 배경이 실내이든 실외이든, 특정한 장소이든 아니면 정해져 있지 않든, 무대는 늘 존재한다. 무대연출 기법은 배우, 장면의 변화, 조명과 음향을 무대에 하나로 모아 전체를 창조하는 기술적인 과정이다. 무대

연출 기법은 많은 상황에 내포되어 있다. 비록 우리가 그것을 연기라고 부르지는 않을지라도, 결혼식이나 장례식, 아이의 세례식, 위병교대식, 교향악단의 배열 그리고 법정의 집회에서도 명백한 퍼포먼스 드라마가 있다. 배우가 무대를 사용하는 것을 블로킹(blocking)이라 하는데, 감독, 연극, 배우들(그리고 이용 가능한 공간)에 따라서 배우들은 첫 리허설에서 각본의 블로킹을 만들거나 마이크 리(Mike Leigh)의 작업 예에서와 같이 배우들이 그 순간의 감정과 행동에 의해 움직이는 곳이 결정되는 배우 주도의 블로킹을 사용하도록 공간을 배치할 수 있다.

'무대'가 다르면 레이아웃도 다르지만, 궁극적으로는 그들은 한 가지 공통 특징을 공유한다. 즉, 무대 중앙에 주요 인물을 배치하며, 모든 것은 공간적으로 내러티브의 힘을 최적화하도록 기하학적 배치가 된다는 점이다. 배심원들에 의한 재판에서의 요약 연설, 설교의 전달, 심폐소생술의 선두 주자는 모두 그들의 '스토리텔링'을 극대화하는 지점에서 주인공의 위치를 잡는다. 따라서 주어진 공간 내에서 행동하고 그에 따라 결정되는 것은 의료 행위와 매우 유사하다. 우리는 병원, 병동 및 수술장의 설계와 주요 외상 관리, 수술 및 수술 전 치료와 같은 시나리오 수행에 있어 블로킹의 중요성과 관련성을 점점 더 잘 알고 있다. 의과 대학생, 수련의, 간호사, 전문의 등이 병동 라운딩을 할 때의 배치는 매우 극적인 양상을 띠고 있다. 축소판으로, 환자의 침상을 둘러싼 의료팀 무리는 글로브(Globe) 같은 엘리자베스 시대 극장의 그라운들링(the groundling)[4]들의 무대 앞 공간을 반영한다(Gurr & Ichikawa, 2000).

무대연출 기법은 의학 교수법의 핵심이다. 강의는 학생들이 한 시간이나

---

4) 역주: 영국의 엘리자베스 시대 극장의 1층 바닥의 관람객. 이들은 단돈 1페니를 내면 서서 연극을 볼 수 있었다. 이렇게 해서 17세기 초반 극장에서는 부자부터 가난한 사람까지 모든 계층이 함께 연극을 볼 수 있었다.

두 시간 동안 1인극을 보는 교육 드라마의 완벽한 예이다. 강의는 원래 지루하고 무미건조하다는 생각은 흔히 있는 잘못된 생각이다. 어떤 강의자들은 자신의 가르침에 활력과 열정을 불어넣는 타고난 배우들이다. 그들은 관객들을 '좌뇌에서 우뇌로' 전환시켜 경험 전체를 무시간적으로 만든다. 그리고 스토리텔링은 이러한 맥락에서 강력한 양상을 가지기 때문에, 우리는 종종 교육적인 관점의 실례로서 제공된 재미있는 일화를 명확하게 기억한다.

강의에 설치된 슬라이드가 프롬프트라기 보다는 **소품**이라는 것은 흥미롭다. 슬라이드의 글머리 기호를 읽는 것처럼 극장에서 대사를 상기시켜 주는 것은 작품에 대한 몰입과 에너지를 없애 버린다. 최고의 강사들은 교수 도구들을 소품으로 사용하는데, 이는 무대 주변의 시각적 단서를 사용하여 다음 대사나 동작을 떠오르게 하는 배우와 유사하다.

이와는 대조적으로, 소규모 단위의 튜토리얼 교수법은 좀 더 정확하고 친밀한 무대연출 기법을 가지고 있다. 표면상으로는 폐쇄형과 개방형이라는 두 가지 다른 유형의 소규모 단위 지도가 있다. 폐쇄형 튜토리얼에서는 정보가 거의 일방적으로 전달되지만, 학생들이 그 주제를 이미 읽어서 제기된 질문에 답을 할 수 있는 입장이라고 기대한다. 예를 들어, 학생들이 혈액기형에 대한 해석이나 심장 전달 체계와 같은 질문에 대답을 할 수 있을 것이라 기대된다. 여기에는 확립된 지식의 실체가 있으며 튜토리얼의 세팅은 임상적 배경 등을 제공하는 증례에 대해 이야기 나누는 포럼으로 사용된다. 이러한 상황에서는 철저하게 따르는 대본이 있다. 즉, 튜터는 토론하고 있는 주제에 대한 감독이자 작가, 저자이며 그녀의 지식에는 논란의 여지가 없다.

이는 튜터가 조력자와 중재자 역할을 더 많이 하는 개방형 튜토리얼과는 현저하게 다르다. 여기에서 교사는 안내하고 중재하고 전달자의 역할을 한다. 이러한 상황에서 논의의 주제는 다음과 같은 것이 될 수 있다.

- 심폐소생술을 시행하는 동안 친지들이 소생실에서 참관하는 것을 허용해야 하는가?
- 미성년인 소녀에게 피임약을 처방하는 것이 법적으로나 윤리적으로 허용될 수 있는가?
- 친지가 수마일 떨어진 곳에 살고 있는 경우, 한 사람의 사망과 같은 나쁜 소식을 전화로 알리는 것이 합당한가?

여기에는 정답이 없다. 경험, 신념 그리고 종종 참여자들의 굳은 견해에 따라 이 문제를 논의할 방법에 대해 훨씬 더 자유롭게 논할 수 있고 자유 낙하의 가능성이 훨씬 더 크다.

튜토리얼을 위한 좌석 배치는 토론을 지지할 수도 있고 방해할 수도 있다. 폐쇄형 튜토리얼에서는 튜터 주위에 학생들이 C포지션으로 자리잡는 반면, 개방형 튜토리얼에서는 원형을 이루어 튜터와 학생들이 동등한 위치에 자리잡는다([그림 5-1] 참조).

[그림 5-1]

어떻게 연기로 의학을 가르칠 수 있을까

의학과 연기 사이에는 분명히 강한 유사성이 있다. 연기 훈련은 배우들이 같은 역할을 연기하면서도 매 공연이 끝난 후에도 신선함과 활력을 유지 하는 맹공을 견딜 수 있도록 훈련시킨다. 우리는 이러한 많은 기법을 우리와 환자들과 동료들에게 유용하게 이용할 수 있다. 모든 의사를 드라마 스쿨로 보내는 것은 적절하지 않지만, 의사들이 직장 생활에서 앞으로 일어날 일들에 대비할 수 있도록 연기 훈련을 하는 것은 실질적인 가능성이 있다. 일부 과정에서는 의과대학 학생들이 보조 간호사로 일하면서 시간을 보내도록 한다. 이것은 간호사의 역할에 대한 통찰을 주고 우리의 동료들에 대한 존경과 이해를 불러일으킨다.

대중의 인식이 현저하게 변했고 환자와 그 친지들이 의료진과 상호작용하는 모습이 어느 때보다 더 많이 보이고 있다. 대다수의 불만 사항은 실수나 의료 과실이 아니라 의료진의 태도에 관한 것이다. 이상적인 의사는 까다로운 환자를 만날 때조차 지속적으로 공감적일 것으로 기대되지만, 어떻게 특별히 만난 적도 없고 공통점도 없는 사람에게 무한한 연민과 보살핌을 기대할 수 있겠는가? 배우들은 콜드 리딩(cold reading)[5]을 할 때마다 무언가를 느낄 것을 기대받기 때문에 같은 증후군의 희생자가 된다. 우리가 매개체로 캐릭터를 사용하지 않는 한 아무리 많은 연기 훈련도 감정을 만들어 낼 수 없다. 의사로서 캐릭터를 구축하는 과정은 공감을 유지하는 데 필수적이다. 이것은 우리가 감정적인 연결이 없는 '대본'을 외우고 반복하는 것과는 다르다.

5) 역주: 영화·연극 분야에서 주로 오디션 때 리허설이나 연습 없이 즉석에서 받은 대본을 큰 소리로 읽어 보는 것이다. 의사소통에 있어서 콜드 리딩은 상대에 대해 아무런 사전 정보가 없는 상태에서 그의 속마음을 간파해 내는 기술을 말한다.

의사들은 배우들처럼 마음 속 깊이에서 인간의 상태를 이해하고 의사소통하려고 노력하고 있다.

• 참고문헌과 추천문헌 •

Aristotle. *Poetics*. Heath M, trans. London: Penguin; 1996.

Attenborough R, dir. *Shadowlands* [film]. Nicholson W, writer. 1993.

Au S, Khandwala F, Stelfox HT. Physician attire in the intensive care unit and family perceptions of physician professional characteristics. *JAMA Intern Med*. 2013; 173(6): 465-7.

Baile WF, Buckman R, Lenzi R *et al*. SPIKES-a six-step protocol for delivering bad news: application to the patient with cancer. *Oncologist*. 2000; 5(4): 302-11.

Bowlen C. A right brain/left brain model of acting. Paper presented at the Annual Meeting of the American Theatre Association, Toronto, Canada, 4-7 August 1985.

Callow S. *Being an Actor*. Revised ed. London: Penguin; 1995.

Dietrich A, Kanso R. A review of EEG, ERP, and neuroimaging studies of creativity and insight. *Psychol Bull*. 2010; 136(5): 822-48.

Edwards B. *Drawing on the Right Side of the Brain: a course in enhancing creativity and artistic confidence*. London: HarperCollins; 2001.

Gurr A, Ichikawa M. *Staging in Shakespeare's Theatres*. Oxford: Oxford University Press; 2000.

Hartigan KV. *Performance and Cure: drama and healing in Ancient Greece and contemporary America*. London: Duckworth; 2009.

Lill MM, Wilkinson TJ. Judging a book by its cover: descriptive survey of patients' preferences for doctors' appearance and mode of address. *BMJ*. 2005; 331(7531): 1524-7.

Nielsen JA, Zielinski BA, Ferguson MA *et al*. An evaluation of the left-brain vs.

right-brain hypothesis with resting state functional connectivity magnetic resonance imaging. *PLOS ONE*. 2013; 8(8): e71275.

Shakespeare W. *Hamlet*. 2nd Revised ed. Jenkins H, ed. The Arden Shakespeare. Lindon: Bloomsbury Publishing PLC.; 1999.

Stanislavski K. *Building a Character*. London: Methuen Drama; first published 1950, reprinted 1997.

Zucker C. *In the Company of Actors: reflections on the craft of acting*. London: A&C Black; 1999.

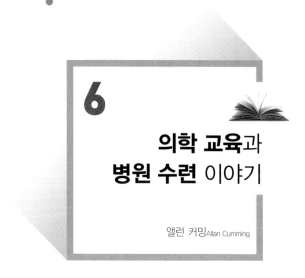

6

의학 교육과
병원 수련 이야기

앨런 커밍Allan Cumming

이야기: 일련의 사건을 순서에 따라 서술한 것

『체임버스 사전(Chambers Dictionary)』

성인에서 학습 경험은 주제보다는 삶에 초점을 맞춰야 한다.

데이비드 등(David et al., 1999)

학습 강화를 위해 환자 이야기 이용하기

현대 학습 이론에서 중요한 개념은 성인의 경우 주제가 추상적으로 제시될 때보다 적절한 맥락과 함께 주어질 때 학습 효과가 크다는 것이다. 의학 교육에서 가장 흔한 맥락은 건강했던 환자가 병을 앓게 되고 바람직하게는 다시 건강한 상태로 회복하는 과정의 이야기이다.

일부 전통적인 교과목에 한정되지만, 의대 학생들은 여전히 인간의 몸을 구성하는 근육의 긴 목록이나 낯선 이름의 생화학 회로들[예를 들면, 크렙스 회로(Krebs cycle)]의 세부 사항을 외우고 이해해야 한다. 그런데 대부분의 의대 교수가 이런 기초 지식들이 임상에서 어떻게 환자의 치료에 접목되는지를 함께 가르쳐 주지 않아서 학생들이 이해하는 데 어려움이 있다. 학생들이 크렙스 회로를 당뇨성 케토산증 환자의 임상 증례와 연관시켜서 배운다면 이해하기 훨씬 쉬울 것이다. 학생들은 뒤늦게 임상 실습에서 환자 증례와 연관하여 기초 과목에서 배웠던 지식들을 복습하게 된다. 이렇게 볼 수도 만질 수도 없는 신체 내의 대사 과정과 환자의 이야기가 연결되는 순간, 학생들은 '유레카(eureka moment)'를 외치곤 한다. 환자의 이야기와 이론을 접목시키는 통합 교육이 조기에 실시되면, 학생들에게 이러한 깨달음과 그에 따른 학습 동기 부여와 자극이 처음부터 가능했을 것이다.

이러한 자각은 의료에서 '이야기 기반 학습(story-based learning)'이라는 새로운 분야를 발전시켰다. 이런 교육은 '임상 연관 수업(Clinical Correlation sessions)'이라 칭해졌고 의대 저학년 커리큘럼에서 1990년대 중반까지 실시되었다. 예를 들면 약리학 교수가 약의 이름과 기전, 약동학 등을 수 주에 걸쳐서 미리 가르치고, 학생은 모듈 마지막에 실제로 치료약을 복용하고 있는 환자를 만나게 된다. 이런 수업은 환자와 임상의가 같이 참여한 가운데 학생들로 가득 찬 큰 강의실에서 진행된다. 환자들은 종종 질문을 받고 그들의 이야기를 들려주고, 학생들은 수업에서 배운 이론과 환자의 이야기 사이에 연관성을 파악하려고 노력한다. 이 수업을 진행하는 임상의는 이러한 과정을 좀 더 원활하게 하기 위한 중재적 역할을 하는데, 그들이 기초 이론에 전문가일 필요는 없다. 최악의 시나리오는 학생들이 흔히 말하는 '점선 잇기(join the dots)'에 실패해서 수업 관계자들을 실망시키고 이론과 임상을 엄격히 분리해서 가르치는 기존 교육과정의 장점이 다시 부각되는 것이다. 주제와 관련된 적절한 이야기를 할 수 있는 환자, 환자 이야기에서 중요한 핵심 의미를 이끌어 내도록 도움을 주는 능력 있고 준비된 의사, 그리고 적극적인 청중이 함께

할 때 이러한 수업은 가장 좋은 결과를 낳을 수 있다. 수업에 참여한 환자와 임상의는 학생들을 고무시키고 격려하는 역할을 하며 학생들은 맥락과 상관 없이 배웠던 많은 양의 지식과 자신이 선택한 의사라는 직업 사이에 연관성이 있음을 알게 된다.

최근에 심리학자들은 새로운 학습은 기존의 지식과 연계될 때 장기기억으로의 이행이 효과적이라고 주장한다. 이 주장에 따르면 가르침과 배움의 순서는 기존의 '규칙-예제(rule-example)'가 아니라 '예제-규칙(example-rule)'으로 바뀐다. '예제-규칙' 이론에서는 환자의 이야기가 학습의 시작점이며, 예제 또는 '촉발자'의 역할을 한다. 이야기를 분석하는 과정에서 규칙들(원리와 사실적 지식)이 도출되고 이러한 규칙들이 학습의 방향을 제시한다. 이러한 과정을 거치고 나면 학습자는 이 규칙들을 그 이야기의 맥락에 따라 분류하고 관련된 것들을 통합할 수 있게 된다.

문제 기반 학습

다양한 교수-학습법이 교육 현장에서 시행되고 있는데 문제 기반 학습(problem-based learning: PBL)은 그중 가장 잘 알려져 있는 모델이다. 이 학습법은 캐나다 온타리오주에 위치한 맥마스터 대학교 의과대학에서 1969년에 처음 시행되어 1970년에는 네덜란드의 마스트리히트 대학교를 거쳐 전 유럽으로 퍼져 나갔다. 이후 PBL은 1990년대 이후로 전 세계적으로 널리 인정받고 실행되었다. '예제-규칙' 원칙 외에도 PBL은 학생들로 하여금 책임감을 가지고 자기주도 학습을 하도록 유도한다. 학생들은 이야기 속의 요소들을 관련 정보의 원천에 도달하는 이정표로 삼고, 이후의 소모임 단위 공부에서 자신의 분석과 후속 학습 내용을 다른 학생들과 공유한다. '전통적인' PBL 소규모 튜토리얼 수업에서 진행을 맡은 교수는 이야기에 익숙한 과정 전문가이지만 해당 특정 주제에 대해서 전문가일 필요는 없으며 담당 교수는 수업이 잘못된 방향으로 접어들지 않는 한 수동적 관찰자 위치에 있어야 한다. 전형적인 PBL 증례는 〈글상자 6-1〉을 보라.

글상자 6-1 큰 키의 여자아이

엘렌의 키는 지난 몇 년 동안 빠르게 자랐다. 엘렌은 어렸을 때부터 비교적 키가 크다는 이야기를 들었지만, 11세인 지금은 또래보다 월등하게 크다. 그래서 그런지 사람들은 엘렌의 나이를 몇 살 더 위로 봤고, 그것은 때로 성가신 일이다. 엘렌은 아직 사춘기도 되지 않았는데, 얼마나 키가 더 클지 걱정스럽다(David et al., 1999).

이 이야기에서 학습의 방향을 제시하는 이정표들은 아동의 정상적인 성장, 이차 성징의 정상적 단계, 성장의 내분비 조절, 비정상적인 키로 인한 심리적·사회적 영향, 과도한 성장의 원인과 치료 등이다.

최근에, 하나의 이야기가 아닌 여러 이야기를 제시하고 학생들이 그 차이를 찾아내게 하는 새로운 PBL 모듈이 등장하였다. 연구에 따르면, 지식이 장기기억으로 이행하는 데 이렇게 '비교와 대조(Compare and Contrast)' 방법을 도입하는 것이 훨씬 더 효과적이다.

이야기 기반 학습의 다른 모델들 그리고 평가

교수가 좀 더 능동적인 역할을 할 수 있는 다른 종류의 이야기 기반 학습에는 증례 기반 학습(case-based leaning: CBL), 임상 증례 토의, 전통적인 베드사이드 티칭(bedside teaching) 등이 있다. 이런 원칙은 의학 교육에서 점점 일반화되고 있는데, 훌륭한 교수는 의생명공학, 윤리, 또는 공중보건학을 가르칠 때도 환자의 이야기로 수업을 시작한다. 현재 의학 교육의 대세는 '거꾸로 교실(flipped classroom)'이다. 학생이 수업을 듣고 복습하는 기존의 방식과 반대로, 학생들은 수업 전에 교수가 제공한 자료를 사전 학습하고, 수업 시간에는 강의를 듣기보다는 교수 또는 동료 학생들과 상호 대화식 토론을 하면서 이미 학습한 내용을 확인하고 보완한다. 교수가 수업 현장에서 환자의 이야기를 기초로 새로운 내용을 첨가하면 심화 학습으로 발전하고 학습 효과는 증대된다. 예를 들어, '엘렌은 이제 16세가 되었는데 아직 초경이 시작되지 않았다.'라고 덧붙일 수 있다.

이러닝(e-learning)의 발전은 이야기 기반 학습이 대세로 자리잡는 데 도움이 되고 있다. 학습자는 온라인을 통해서 편한 시간에 가상 환자나 가상 가족의 이야기를 반복적으로 들을 수 있다. 컴퓨터 기반 알고리듬은 학습자가 정답으로 무엇을 선택하느냐에 따라 또는 학습자의 학습 능력에 따라 이야기를 여러 갈래로 발전시키는 '가지치기'를 할 수 있다. 이러한 방법을 교육과 평가 모두에 사용할 수 있으며, 흔히 '상황 판단 시험(situational judgement tests)'이라고 불리는 평가의 예가 〈글상자 6-2〉에 있다.

글상자 6-2 폭력적인 남성

당신은 도시와 멀리 떨어진 시골에서 혼자 개업한 일반의이다. 맥킨스 씨가 가구를 부수는 등 비정상적인 행동을 한다는 전화를 맥킨스 부인으로부터 받고 맥킨스 씨 집을 방문했다. 정신 병력을 가지고 있는 60대의 맥킨스 씨는 매우 불안해하고 공격적이며 흥분된 상태에 있었다. 실제로 가구를 부수기는 했지만, 부인이나 아이들에게 해를 입히거나 위협을 가하고 있지는 않았다. 다음 중 당신은 어떤 조치를 취할 것인가?

1. 50km 떨어진 근처 종합병원 정신과 당직 의사에게 도움을 받기 위해 전화를 한다.

2. 환자를 강제로 억제한 후에 클로르프로마진(chlorpromazine)을 근주하여 진정시킨다.

3. 경찰에 환자를 체포하라고 전화한다.

4. 환자와 대화를 시도하고 환자를 안정화시키도록 노력한다.

만약 후보자가 1번을 선택한다면, 환자는 급작스러운 저혈압으로 사망하는 이야기로 종료된다.

정답은 4번이다.

1번은 중립적 반응이다('정신과 의사가 도움이 되는 정보를 줄 수 도 있다!').

3번은 틀린 답이다. 환자는 아직 어떤 범죄도 저지르지 않았다(가구는 그의 것이다).

내가 글상자에 제시된 시험 문제를 치른 지 30년이 지난 지금까지도 이 이야기의 모든 세부 사항, 의료 쟁점, 적절한 대응 등을 기억하고 있다는 것은 그만큼 학습과 평가에서 이야기를 이용하는 것이 중요하다는 증거이다.

이야기 기반 알고리듬 접근은 내러티브-기반 컴퓨터 게임과 유사한 점이 많다. 컴퓨터 게임에 사용되는 비슷한 기술들은 학습자의 몰입 및 참여를 장려하고, 긍정적인 피드백을 제공하며, 학습 재미를 더하기 위해 점점 더 많이 사용된다. 특히 이러한 기술은 시뮬레이션 교육에 효과적이다. 심폐소생술, 외상 환자 소생술, 마취과적 응급 상황이 이런 형태의 교육에 잘 맞는다. 매우 정교한 신형 마네킹을 이용하면 기도 관리나 외과 시술을 현장에서 환자를 대상으로 하는 것처럼 시행할 수도 있다. 주어진 상황 시나리오—'환자가 병동에서 쓰러졌는데 맥박이 잡히지 않는다'—에서 다음에 실행해야 할 조치들, 예를 들면, 기도 삽관, 제세동, 흉관 삽관, 약물 투여 등을 학습자가 제대로 시행하는지 감독자가 관찰하고 평가할 수 있다. 이후 치료 결과에 따른 심박수, 혈압, 자발 호흡 노력 등의 정보가 학습자에게 다시 전달된다. 이러한 시뮬레이션 훈련으로 개인뿐만 아니라 팀의 성과도 평가할 수 있고, 훈

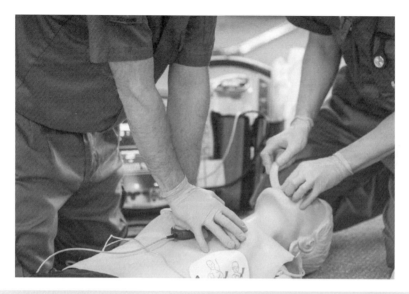

[그림 6-1] 의과 수련에서의 시뮬레이션

련 후에 영상을 보면서 잘한 것과 실수한 것 등에 대해 다시 집중토의를 할 수 있다.

의학 교육에서 이야기와 구성주의

구성주의(constructivism)는 오늘날 교육학의 지배적인 이론으로서, 교육이 학생 중심의 접근 방식, 동료에 의한 지도 및 동료에 의한 평가로 이행하는 근거가 된다. 1960년대 장 피아제(Jean Piaget)가 처음 정의한 것처럼, 구성주의는 '인간은 자신들의 경험과 생각 사이의 상호작용을 통해 지식과 의미를 만들어 낸다고 주장하는 인식론의 하나'이다. 교육학에서 구성주의는 학습자 개개인이 자신들의 실제 경험, 전제, 동기, 사전 지식, 사회적 맥락과 언어 등을 고려하여 의미를 구성한다는 데 방점을 둔다. 따라서 학생들은 동일한 강의를 들어도 그들 나름대로 경험에 비추어 다르게 해석하며, 환자 이야기를 들을 때도 마찬가지이다. 이 과정에서 교사는 교수자보다는 촉진자(facilitator) 역할을 맡는다. 구성주의에서 학습은 능동적이고 사회적인 과정이다. 학생들은 학습 경험을 통해 축적한 원리, 개념, 사실 등을 동료들과 나누고 비교하면서 배우는데, 의학 교육에서 학습 경험은 대부분 환자를 만나고 환자의 이야기를 접하는 과정에서 이루어진다. 실제로 학생 각자 그리고 모든 의사는 그들이 접한 이야기로부터 자신만의 이야기 버전을 창조해 내고 그것으로부터 배운다.

글상자 6-3

종합병원에 근무하는 F 전문의는 동료들에게 '해결사'로 통하는데 그 이유는 진단하기 어려운 환자를 의뢰하면 즉각 판단을 내려 주기 때문이다. 그러나 그와 함께 일한 전공의들은 의뢰하는 의사(대부분 전공의)가 전화로 제공한 정보에만 기초하여 F 전문의가 진단을 내린다는 것을 곧 깨달았다. F 의사는 환자의 이야기를 직접 듣는 것보다 전달자의 선입견이 개입될 수 있는 간접 정보를 선호했다. 다행히 대부분의 경우에 진단은 틀리지 않았다.

한번은 다른 병원에서 매우 위중한 환자가 이송되었는데 잠정 진단은 전신 홍반 루푸스(systemic lupus erthematosus: SLE)였다. 당직 전공의는 F 전문의에게 환자의 상태와 잠정적 진단을 전화로 요약해서 보고하였다. F 의사는 환자의 흉부 방사선 사진만을 검토한 후에 곧바로 SLE로 진단했고, 즉각적인 광범위 면역 억제 치료를 권고했다.

그러나 의무 기록지를 자세히 검토하고 환자의 이야기를 직접 들은 담당 전공의는 진단이 환자의 증상과 일치하지 않는다는 생각이 들었다. 전공의는 이런 사실을 F 전문의에게 이야기 했으나 의견은 무시되었고 예정된 면역 치료는 바로 시행되었다.

다음날 환자의 상태는 더욱 악화되었고 다른 전문의가 호출되었다. 새로운 전문의는 병력 청취와 신체 진찰을 상세히 한 후에 아급성 세균성 심내막염이라는 다른 진단을 내렸다. 심내막염은 심초음파 검사로 확진되었고 감염된 판막을 제거하는 수술이 시행되었다. 다행히 몇 주간의 항생제 치료로 환자는 후유증 없이 완쾌되어 퇴원하였다.

이 이야기가 젊은 의사들에게 시사하는 바는 다음과 같다.

- 항상 환자의 이야기를 직접 들은 후에 진단을 내리고 '주어진' 진단명에 좌우되지 말라.
- 불완전한 정보에 기초해서 섣불리 내리는 진단의 위험성을 알아야 한다. 그러나 어떤 경우에는 신속한 처치가 지연되는 것도 위험하다는 것을 명심해야 한다. 이 두 경우를 잘 감별하는 것이 의사의 중요한 능력이다.
- 동료와 의견이 서로 다를 때는 비록 동료가 당신보다 어린 사람일지라도 그의 이야기에 귀를 기울여야 하고 또한 환자의 이야기를 경청하라.

학생들에게 환자의 이야기를 경청하도록 가르치기

현대 의학 교육에서 학생들에게 의사소통 기술을 가르치고 평가하는 것은 매우 중요하다. 의사소통과 단순한 병력 청취는 구분해야 한다. 그런데 의대에서는 의사소통이 주로 환자 면담이라는 진료 상황에서 가르쳐지고 평가되기 때문에 이러한 구분이 모호해질 수 있다. 학생은 환자에게 자신의 이야기를 명확하게 전달하는 데는 능숙할 수 있지만, 환자의 이야기를 경청하고 해석하는 것에는 서툴 수 있다. 학생들은 환자가 자신의 이야기를 할 수 있는 공간과 시간을 제공하는 것을 배워야 하고, 무엇보다도 그들의 이야기를 현장에서 듣는 훈련을 해야 한다. 언제 어떤 순서로 일이 진행되었는지 아는 것이 매우 중요하며, 이를 위해 환자의 이야기를 반복하고 확인하는 과정이 필요하다.

환자 진단과 치료 과정은 점점 정형화되는 추세이므로, 학생들은 패턴 인식과 감별법을 배워야 한다. 흔한 증상과 드물지만 놓치면 환자의 생명을 위협할 수 있는 증상을 감별해 내는 것은 매우 중요하다. 환자의 이야기를 듣고 그 증상이 비교적 흔하고 예후가 양호한 심부 정맥 혈전증의 진단에 합당한지 아니면 증상은 유사하지만 심각한 다른 질환에 합당한지를 구별해야 한다. 조류학의 예를 사용하면, 갈색 깃털을 가진 창밖의 작은 새는 그 지역에서 흔한 참새일 확률이 매우 높지만, 우연찮게 스위스에서 막 날아온 바위종다리일 수도 있는 것이다.

이런 감별진단을 위해서 학생은 자료를 수집하고 분석하고 검증하는 능력을 익혀야 한다. 즉, 환자의 이야기를 검토하고 그것을 검사 결과 등의 정보와 연계시켜서 환자에게 적절한 상황을 구성할 수 있어야 한다. 이렇게 함으로써 의사는 임상적 판단과 의사결정을 내리고, 다른 진단을 배제하면서 치료 계획을 세울 수 있다. 학생들은 환자의 이야기를 정확하고 포괄적으로 기록하는 법을 배우는 것이 중요한데, 이 경우 IT 등 첨단 기술이 도움이 된다. 의료는 협업으로 이뤄지고 임무 교대도 빈번해서 이런 기록을 동료 의사나 간호사에게 제대로 전달하는 것에 능숙해야 한다.

학생들에게 환자의 이야기를 경청하고 해석하는 것의 중요성을 인식시키고 지속적인 관심을 갖게 하는 것은 쉬운 일이 아니다. 진료 현장에서는 '셜록 홈즈처럼' 사건 해결을 위해 마지막까지 포기하지 않는 집요함이 있어야 하는데, 진단이라는 퍼즐의 마지막 조각을 제대로 끼워 맞췄을 때 표현할 수 없는 기쁨이 있다는 것을 학생들에게 전달하기가 매우 어렵다. 〈글상자 6-4〉의 사례가 학생들에게 도움이 될 수 있다.

글상자 6-4

　50대 남성 W 씨는 다른 특별한 문제 없이 소변을 이틀 동안 보지 못해서 동네 병원을 찾았다. 혈액검사 결과, 신장이 전혀 기능을 하지 못하는 신부전을 진단받고 전문적 치료와 투석을 위하여 좀 더 큰 병원으로 의뢰되었다. 담당 전공의는 환자에게 일반적인 질문을 하였고 신부전을 야기할 만한 어떤 단서도 찾지 못했다. 여러 검사가 시행되었지만 역시 원인을 찾을 수 없었다. 그날 오후 전공의는 다시 W 씨의 병실을 찾았다.

전공의: 최근 몇 주 동안 어떤 일을 하셨는지 정확하게 다시 말씀해 주시겠어요?

환자: 그러니까 요즘 몇 달 동안 집을 새로 짓고 있었어요.

전공의: 공사는 어디까지 진행되었죠?

환자: 지난주에는 목욕탕에 욕조를 설치하는 작업을 주로 했어요.

전공의: 그렇군요. 그 작업에 대해 좀 더 자세히 설명해 주시겠어요?

환자: 욕조는 보호용 비닐 덮개에 쌓여 배달되었거든요. 덮개를 벗기고 욕조를 파이프에 연결시키는 작업이죠.

전공의: 비닐 덮개는 어떻게 제거하셨나요?

환자: 기구를 사용해서 긁어냈어요. 그런데 너무 들러붙어서 안 떨어지는 것들은 용해제를 사용해야 했죠.

전공의: 어떤 종류의 용해제를 사용하셨죠?

환자: 카본 테트라클로라이드(carbon tetrachloride)요. [이 시점에서 전공의는 고무되었다.] 잠깐만요, 난 카본 테트라클로라이드가 인체에 해롭다는 것을 잘 알기 때문에 비닐장갑, 방호복 등 보호 장구를 충분히 갖추고, 피부에 닿지 않도록 각별히 주의를 기울였어요. 작업하는 동안 창문을 열어 환기도 충분히 시켰기 때문에 약품에 조금이라도 접촉할 기회는 없었어요. [이제 전공의는 풀이 죽는다.]

전공의: 그렇군요. 그래도 비닐 제거 작업 과정에 대해서 좀 더 자세히 이야기해 주시겠어요?

환자: 긁개로 제거할 수 있는 만큼 비닐을 제거한 후에 조심스럽게 용해제를 욕조

에 부었어요. 그리고 몇 분 기다렸다가 남아 있는 것을 긁어냈죠. 이렇게 하는데 한 30분 정도 걸려요.

전공의: [이때 전공의는 무엇이 잘못되었는지 알아차렸다.] 아하. 환자분은 욕조에 상체를 수그리고 작업을 하셨군요.

환자: 네. 제대로 긁어내려면 머리를 욕조 안으로 들이밀어야 했죠…….

전공의: 잠깐만요. 제가 인터넷으로 검색 좀 하겠습니다. 아! 제 생각이 맞았어요. 카본 테트라클로라이드는 휘발성이 강하고 발생한 기체는 공기보다 무겁습니다. 독성 증기는 환자분이 고개를 숙이고 작업하는 동안 욕조에 계속 남아 있었을 것이고 아마도 30분 동안 그것을 계속 흡입하셨을 것입니다…….

[긴 침묵]

환자 이야기 듣기 측면에서 의료 윤리 및 전문성과 관련이 있는 것은 신뢰, 냉소, 진실 및 거짓 등이다. 환자가 의사를 신뢰하기 위해서는 좋은 환자-의사 관계가 형성되어야 하는데 그 기초는 상호 정직과 성실이다. 모든 의사는 환자가 의도적으로 또는 쑥스러워 이야기를 숨기거나 꾸며낼 때가 있다는 것을 안다. 의사는 전문가로서 이러한 사실에 괘념치 말고 환자의 상황을 이해하고 이러한 일이 환자와의 관계 형성에 걸림돌이 되지 않도록 선입견을 갖지 않고 환자를 대해야 한다. 역으로, 현대 의료 윤리는 환자가 이야기 듣기를 거부하지 않는 한, 환자에게 질병과 관련된 '모든 사실'을 이야기하도록 의무화하고 있다. 환자가 거부하는 경우라도, 정보를 보류하는 결정은 공식적 기록으로 남겨야 하고, 정당화되어야 하며, 이러한 결정은 정기적으로 재검토되어야 한다.

우리가 읽은 소설 중에서 어떤 이야기들은 더 감동적이고 독자의 심금을 울린다는 것을 알고 있다. 당신도 결말에 눈물을 흘리지 않는가? 환자의 이야기도 소설과 마찬가지로 가슴이 뭉클할 때가 많다. 의대 교육 관계자들은 '공감(empathy)'을 의사가 갖춰야 할 중요한 전문 직업성으로 인식하고 입시에서 이런 자질을 학생 선발 기준에 넣기도 한다. 물론 공감 능력은 의사에게 필요한 자질이다. 그러나 의사들은 정서적으로 불안정하고 잠재적으로 위험해질 수 있는 임상 상황에 휘말릴 수 있는데, 특히 배움을 시작하는 때와 수련 초기에 조심해야 한다. 그래서 공감과 과도한 감정이입 사이에 경계를 잘 설정하는 것이 중요하며, 자주 선배 의사의 도움을 필요로 한다.

글상자 6-5 경계 설정

중년 여성 앤은 간질환을 앓고 있어서 잦은 채혈과 수액 치료가 필요했다. 앤은 주사바늘이 무섭고 찌를 때 너무 아파서 병원 가는 것이 무척 괴로웠다. 병동에 근무하는 전공의 A는 채혈이나 혈관 주사에 능숙했고 자기 기술을 자랑스러워했다. 채혈을 한 번에 성공하자 앤은 매우 고마워했고, 그런 고마움에서 A는 큰 만족감을 느꼈다. A는 동료가 채혈이나 혈관 주사를 제대로 하지 못해서 앤이 힘들어하면 같이 힘들어했다. 결국 앤은 A의 암묵적인 동의하에 다른 의사나 간호사는 거부하고 오직 A에게만 채혈이나 정맥 주사를 요청했다. A는 주말이나 야간 비번일 때도 앤을 위해서 병원에 나왔고 급기야는 조직 검사 같은 다른 시술도 A가 담당했다. 그런데 A가 아파서 병원에 올 수 없게 되자 위기가 발생했다. 이 시점에서 선임 전문의가 개입했다. 그러나 의사와 환자의 유대감에 금이 가는 것, 그리고 그 상황의 실제적 의미를 풀어 나가는 것은 양쪽 모두에게 매우 힘든 일이었다.

학습자의 이야기

환자와 마찬가지로 학생도 그들만의 이야기가 있고, 이 이야기들은 그들의 학습에 큰 영향을 미친다. 오랫동안 일반대학과 의대는 학생들의 이야기에 무심했고, 학생들은 존재감과 '소속감'을 느끼지 못한다고 토로한다. 실제로 대학 당국은 성적 외에는 학생들에 대해서 아는 것이 거의 없는 실정이다. 이런 문제를 해결하기 위하여 많은 대학에서 '일인 담임(personal furor)' 제도를 도입하였다. 담임은 의대에 소속된 교수가 맡게 되고 학생이 학교 생활에 어려움을 겪지 않더라도 정기적으로 일대일로 만나서 지도한다. 담임은 진로 선택에 관해 조언을 할 뿐아니라 학습 전반에 걸친 학생들의 성과를 주기적으로 점검하고 개선하며, 학생들이 자신이 가진 능력을 최대로 발휘할 수 있는 방법을 모색하도록 돕는다. 담임은 학생들이 학교라는 사회의 구성원으로 잘 적응하고 적극적으로 학교 활동에 참여하도록 장려하고 필요하면 정서적 지지도 제공한다. 담임 교수는 취업 추천서 같은 양식에 담당 학생의 대학 생활에 대해서 정확하고 사실에 근거한 정보를 기재할 수 있다. 담임 제도가 없었던 과거에는 불가능한 일이었다.

이러한 개념은 개인맞춤형, 적응형 학습(personalised, adaptive learning)에까지 확대되었다. 모든 학생이 지금처럼 정해진 기간에 의대를 다녀야 졸업이 가능한가, 단기에 필요한 학업을 마칠 수 있는 학생은 조기 졸업을 해도 될까, 학생이 수업이 있는 시간에 다른 일, 예를 들면 자녀를 돌본다거나 일을 해야 한다면 시간제 학업을 허용해야 할까 등 여러 가지 문제 제기가 있을 수 있다. 온라인 학습과 현장 경험 학습을 잘 조합하면 개인의 상황과 필요에 맞는 개별화된 학습 프로그램을 만들 수 있을 것이다.

글상자 6-6

엘리는 동남아에서 영국 의대로 유학 온 학생이다. 그녀는 지금 2학년 과정에 있는데 입학 후 교수나 동료 학생들과 거의 교류가 없었다. 부끄럼이 많기도 했지만, 그녀가 무슬림이라 술을 마시지 않는 것이 주된 이유였다. 그녀가 동료들과 어울릴 수 있을 만한 모임에는 항상 술과 약물이 함께 있었고, 학생들의 사교 활동은 주로 술집이나 클럽을 가는 것이었다. 엘리는 대부분의 시간을 기숙사에서 공부를 하면서 보냈기 때문에 성적도 좋았고 학교 관계자도 그녀의 학업 성적에 매우 만족스러워 했다. 또한 엘리가 성적에 문제가 없었기 때문에 말레이시아에 계신 부모도 만족하고 있었다. 그러나 정작 엘리는 학교 생활에 만족하지 못했고 외롭고 우울했다.

3학년 초에 대학은 담임 제도를 도입했다. 엘리는 처음으로 담임과 한 시간 정도 개인적인 이야기를 할 수 있었다. 담임 교수는 담당하고 있는 다른 십여 명의 학생과 함께하는 식사 모임에 엘리를 초대했다. 가벼운 음료와 약간의 맥주가 곁들여진 만남이었고 담임 교수의 진행으로 학생들은 의대생으로서 서로가 겪는 이야기들을 나눴다. 엘리는 비슷한 어려움을 겪고 있는 4학년 학생과 이야기를 나누면서 많은 위로를 받았다. 학생들은 각자의 문화와 종교의 다양성을 고려한 사교 모임을 정기적으로 갖기로 했다. 엘리는 여기에서 만난 다른 두 명의 학생과 공부 모임을 만들어 도서관에서 저녁에 공부도 같이 하고 쉬는 시간에는 커피도 함께 마시며 즐겼다. 결과적으로, 엘리의 의대 생활은 변화되었고 그녀는 우등으로 졸업했다.

교육자의 이야기

학습자 개인의 이야기가 그들의 배움에 영향을 미치는 것처럼, 의학 교육자들의 개인적 이야기도 가르침에 영향을 미친다. 최근에 '히든 커리큘럼(hidden curriculum)'과 학생들이 전문 직업인으로서 그리고 한 사람의 인격체로서 성장하는 데 도움을 주는 롤 모델링, 멘토링 및 '삼투(osmotic)' 학습의 역할에 대한 관심이 높아지고 있다. 교육자는 모두 자신의 경험적인 이야기에 근거한 나름의 다양한 동기와 열정을 가지고 학생들을 지도하고 그가 지도하는 학생들도 이런 동기와 열정을 가지기를 바란다. 많은 의과대학에서 학생들은 이런 에너지에 고무되어 자신이 주도한 프로젝트를 다른 연구자나 팀과 함께 수행한다. 이러한 연구 활동을 통해서, 학생들은 좋은 결과를 만들어 내기까지 어려움과 좌절도 많지만 성공했을 때의 기쁨 또한 크다는 것을 처음으로 알게 된다. 그 외에 실무적으로 연구에 필요한 기술이나 장비가 무엇인지 파악할 수 있다.

이 이야기는 반대로 해석하면, 교육자는 의식적이든 무의식적이든 어느 정도는 편견과 선입견을 가지고 가르치게 된다는 것이다. 전통적으로 의대에서는 '비전문가들(amateurs)', 즉 교사로서의 훈련이나 소명이 없는 임상의나 연구자들이 교육을 책임졌다. 그러나 이것이 바람직하지 않다는 견해가 지배적이 되면서 임상과 교육을 겸하는 것이 아니라 교육에 관심이 있고 재능 있는 교수가 교육을 전담하는 새로운 직제가 등장했다. 이제 영국에서는 교육에 참여하는 모든 의사는 특정 교육 훈련을 의무적으로 이수해야 하는데 비록 늦은 감은 있지만 의학 교육 전문화의 일환으로서 이러한 교육을 통해 교육자는 학생들에게 영향을 미칠 수 있는 부정적인 태도나 행동이 무엇인지 알 수 있게 된다.

의학 교육과 수련에서의 '긍정적 결과'

좋은 의사란 무엇이고 어떻게 양성될 수 있을까? 2002년에, 『BMJ(British Medical Journal)』는 한 호 전체에서 이 주제를 다루었다. 논평에서 편집자는 이 질문에 대해 답을 할 수 없고 또 앞으로도 답을 할 수 없을 것이라고 결론지었다(Hurwitz & Vass, 2002). 그러나 최근에 성과 기반 교육 원칙에 근거하여 이 문제에 대한 좀 더 긍정적인 해법이 나왔다. 영국의사협회(General Medical Council: GMC)는 2009년 『의학교육에 관한 지침서(Tomorrow's Doctors)』 개정판을 발간하였다. 여기에서 협회는 의학 교육에서 목표로 해야 하는 졸업 성과 기준을 정의하고 이를 의과대학 교육과정에 반영하도록 권고하였으며 다음과 같이 기술하고 있다.

졸업생은 환자 치료를 가장 우선순위에 놓아야 하며, 이 과정에서 능숙하고 윤리적으로 지식과 기술을 사용하며, 복잡하고 불확실한 상황을 분석하고, 지도자의 역할을 수행할 수 있다.

협회는 의대 졸업생들이 의대 교육과정에서 갖춰야 할 역량을 좀 더 구체적으로 다음과 같은 세 가지의 범주로 나눠 정의하였다. 즉, '학자와 과학자로서의 의사' '임상의로서의 의사' '전문직업인으로서의 의사'이다. 의학 교육의 성과에 대한 이와 유사한 정의는 현재 전 세계적으로 많은 의학 관련 단체— CanMEDS, Tuning (Medicine) 등—와 의과대학에서 찾을 수 있다. 다소 이례적이지만, 현대 의학 교육은 바람직한 이야기의 결말에 대해 생각이 명확하다. 즉, 졸업생이 어떤 역량을 갖춰야 하는지에 대한 분명한 생각을 가지고 있다. 이러한 성과 기반 접근 방식(outcomes-based approach)은 교육과정을 설계하는 방법 및 학생이 학습에 접근하는 방법의 다양성을 저해하지 않는다는 장점이 있다. 결과적으로, 의학 교육에서의 여러 다양한 이야기는 모두 같은 결론에 도달할 수 있다.

의학 교육 및 수련을 계획하고 조직하는 담당자들에게 주어진 도전 과제는 다음과 같은 이야기를 만들어 내는 것이다. 독자/학생들에게 흥미를 유발하고 동기를 부여하며 적극적으로 참여하게 하는 이야기, 학습 과정에 대한 새로운 이해를 최대한 활용하는 이야기, 이러한 일을 잘 수행하기 위해 필요한 시간과 에너지를 가진 전문가가 들려주는 이야기, 사적으로 그리고 전문 직업인으로서의 생활 모두가 풍요롭고 그들이 선택한 다양한 진료 현장에서 안전하고 효율적인 환자 관리를 수행하는 유능하고 윤리적인 의사로 끝나는 이야기.

· 참고문헌과 추천문헌 ·

Cumming A, Ross M. The Tuning Project for Medicine: learning outcomes for undergraduate medical education in Europe. *Med Teach*. 2007; 29: 636-41.

David T, Patel L, Burdett K *et al. Problem-based Learning in Medicine: a practical guide for students and teachers*. London: RSM Press; 1999.

GMC. *Tomorrow's Doctors: outcomes and standards for undergraduate medical education*. GMC; 2009. Available at: www.gmc-uk.org/Tomorrow_s_Doctors_1214.pdf_48905759.pdf (accessed 24 May 2015).

Hurwitz B, Vass A. Editorial: what's a good doctor, and how can you make one? *BMJ*. 2002; 325(7366): pp. 667-8.

www.royalcollege.ca/portal/page/portal/rc/canmeds/canmeds2015

7

학생
이야기

사라 리처드슨Sarah Richardson
콜린 로버트슨Colin Robertson

　나의 가장 어릴 적 기억들은 단편적이다. 물론 정확한 세부 사항이나 사실 자체를 기억해 내지 못하기 일쑤지만, 특정 사건에 대한 이야기는 전형적이며 이것은 종종 가족과 친구들의 반복과 확증을 거치면서 강화된다. 정보는 맥락이 잡힌 후에야 저장할 수 있고 인출 가능하다. 우리의 언어 발달을 보면 2~3세경에 기억을 저장하고 처리하는 능력이 생겨, 이 시기에 처음으로 시간의 순서를 표현할 수 있다.

　내러티브 발달의 본질은 거짓된 이야기를 하는 것이다. 3세 이상의 아동들은 거짓말을 할 수 있고 거짓말을 하곤 한다. 거짓말은 아동들의 이야기 처리 과정과 언어 능력을 이해하는 토대가 된다. 이야기를 꾸며내는 것은 어떤 행위의 결과를 회피하고, 관심을 끌거나 속이기 위해서, 또는 허세를 부리려는 이유에서일 수 있다. 이렇게 함으로써 부분적으로나마 아동들은 거짓말에 대한 반응을 탐색하거나 분석할 수 있는 기회를 갖게 된다. 그제야 처음으로 아동들은 자기가 가졌던 생각과 느낌이 자기에게만 속한 고유한 것임을 자각한다. 그들의 마음은 읽히지 않는다. 이것은 거짓말을 할 수 있는 확실한 기회를 제공한다. '늑대야'라고 외치는 아이가 등장하는 이솝 우화, 소년 조지 워싱턴과 아버지의 벚나무 이야기는, 아이들이 거짓말을 하기 전에 한 번 더 생각하게끔 가르치기 위해 어른들이 만든 이야기 형식을 갖춘 훈계이다. 이런 이야기의 효과에 대한 논란이 있고 지금 우리 주위에서 늑대나 도끼 그리고 마음대로 자를 만한 벚나무를 쉽게 접할 수 없다는 점을 감안하면, 적어도 이야기를 시대에 맞게 개정해야 할 여지는 있다.

　나의 세 살 생일 선물은 장난감 의사 놀이 세트였다. "의사가 하는 일은 뭐예요?"라고 나는 엄마에게 물었고, 엄마는 "몸이 아프면 의사의 도움이 필요할 수도 있어. 의사는 너의 몸이 나아지도록 도와준다."라고 대답했다. 이 두 문장으로 이루어진 이야기, 인물(Characters), 갈등(Problem), 결말(Resolution)은 세 살짜리 나도 쉽게 이해할 수 있을 정도로 기본적이다. 그 이야기는 나에게 의사에 대한 지식의 특정한 국면을 구성할 수 있는 기반을 제공하였다. 부모의 영향 외에도, 많은 사람에게는 TV 방송물이나 영화 등도 의사가 되기로 결심하는 데 큰 영향을 미친다. 〈홀비 시립병원(Holby City)〉, 〈ER〉, 〈희생자(Casualty)〉 등은 분명히 나에게 영향을 주었다. 극중에 표출되는 열정과 뒷이야기들은 매우 흥미로웠고 등장인물들은 나의 좋은 롤 모델이었다. 드라마 〈ER〉의 주인공 의사 카터는 혼자서 개흉술을 하고, 볼펜 하나로 호흡 곤란이 있는 환자에게 응급 기도절개술을 하기도 하며, 뇌압을 낮추기 위해 두부 손상 환자에게는 두개골에 구멍을 내기도 한다. 그의 이러한 눈부신 활약은 나를 매료시켰고 나의 직업 선택에 영향을 미쳤다. 허구로 만들어진 의학 이야기의 신빙성이 우리의 인식에 영향을 미치고, 따라서 우리의 선택에 영향을 미칠 수 있다는 점에 주의를 기울일 필요가 있다. 초응급인 심정지를 예로 들어 보자. 영국의 통계에 의하면, 병원 외 심정지의 원인은 75~95%가 일차적인 심폐 정지이며 생존률은 약 8~10%이다. 한 연구에 의하면, 미국 TV 드라마에서 가장 흔한 심정지의 원인은 외상(총상, 교통사고,

익사, 감전)이며 심폐소생술 후 퇴원율은 67%였다(Diem et al., 1996). 70건의 TV 드라마에서 발생한 심정지를 분석한 최근 연구에 의하면, 초기 생존율은 46%, '환자'의 평균 나이는 36세, 심폐 정지가 일차 원인인 경우는 소수였다(Harris & Willoughby, 2009). 결과적으로 그리고 놀랍지 않게도 TV 의학 '연속극'을 시청한 중고등학교 학생들은 심폐소생술의 성공률을 '연속극'을 시청하지 않은 대조군에 비해 높게 추정했다(Van den Bulck, 2002).

  우리 모두에게 첫 환자에 대한 기억은 특별하고 잊을 수 없다. 재미있게 시청한 TV 의학 드라마나 반복해서 읽은 응급처치 매뉴얼은 실제 상황에서 나에게 별로 도움이 되지 못했다. 내가 환자를 치료한다는 것의 의미를 처음 이해한 것은 응급처치 요원으로 일하던 십 대 때였다. 내가 고향의 박람회장에서 근무했을 때 한 소녀가 응급구호소로 실려 왔다. 마침 내 차례였고 드디어 배운 것을 실습할 수 있다는 기대감에 나의 가슴은 두근거렸다. 소녀는 발목을 접질렀는데, 요즘 같으면 내가 하루에 열 번 정도 접하는 익숙한 손상이지만 그 당시에는 무척 당황했다. 소녀는 다친 다리에 심한 통증을 호소했고 잘 디디지 못했다. 나는 기본적인 병력 청취와 신체 진찰을 했지만 어디가 잘못되었는지, 경증인지 또는 중증인지 갈피를 잡지 못했다. 같이 근무하던 상급 의료진은 의사였다. 그는 즉시 내가 놓친 정보를 파악하고, 발목을 진찰하고 영상 검사 없이 골절이 없는 것을 확인했다. 그리고 RICE[휴식, 냉찜질, 압박, 올리기(Rest, Ice, Compression, Elevation)] 처방을 내린 후 소녀를 부모님과 함께 귀가시켰다. 놀랍게도 이 과정은 몇 분 만에 끝났다. 환자가 돌아간 후, 그는 발목 손상의 흔한 기전, 영상 검사 없이 발목 골절 유무를 알 수 있는 '오타와 발목 법칙(Ottawa ankle rules)', 치료 방법 등에 대해서 설명해 주었다. 그때의 경험 때문에 나는 아직까지도 '오타와 발목 법칙'을 기억하고 있다.

의과대학: 시작

의과대학에 입학한 학생들이 느끼는 가장 큰 어려움은 고등학교 시절 교사가 숟가락으로 떠먹여 주던 주입식 정보처리에서 벗어나 강의를 듣고 또 그 강의에서 알려 준 정보를 이해하기 위해서 부가적으로 많은 시간을 더 투자해야 한다는 것이다. 입학 후 처음 몇 주는 많은 정보량에 완전히 압도당하기 쉽다. 당연한 결과로서 후배는 졸업할 때까지 선배에게 최선의 학습 방법에 대한 조언을 구할 수밖에 없게 된다.

우리와 이야기는 떼려야 뗄 수 없는 존재이기 때문에, '어떻게 그리고 왜 (How and Why)'라는 질문은 우리가 정보를 기억하고 완전히 이해하는 데 가장 공통적으로 사용하는 방법이 된다. 이것이 작동되지 않을 때, 예를 들어 별개 사항들의 목록을 암기해야 하는 경우, 정보처리가 훨씬 더 어려워진다. 우리는 탈맥락화된 정보를 저장하는 데 능숙하지 않다. 아무리 천천히 명료하게 말해도, 이야기의 뼈대와 목적이 주어지지 않는다면 상대방이 말한 내용을 기억하기는 매우 힘들다. 의대 저학년 기초 과목들 및 해당 시험을 잘 보기 위해서는 목록으로 작성된 이러한 유형의 정보를 암기해야 할 필요가 있다. 곤봉지의 원인들, 뇌신경 순서와 이름, 고혈압 치료약제들 등. 연상기억법 (mnemonic), 작시법(acrostic),[1] 약어법(acronym)[2] 등이 일부 학생에게는 목록의 순서를 좀 더 '기억하기' 쉽게 할 수도 있지만, 이것은 신뢰할 만하지 않으며, 단지 20%가량의 학생들만이 이 방법들을 자주 사용한다(Brotle, 2011). 대부분의 경우, 직접 환자의 상태를 보거나 신체 징후를 확인하고 이것을 이야기와 연결시키는 것만이 수업의 내용에 대한 기억을 '공고히' 할 수 있다.

---

1) 역주: 알파벳 시나 행시와 같이 한 행의 첫 글자를 아래로 연결하면 특정한 어구가 되도록 쓴 시.
2) 역주: 단어의 첫 번째 철자를 따라서 단축시켜 새로운 단어를 만드는 어법.

'1학년 통과하기'

1학년 개강 후 몇 주 뒤에 우리는 다소 이색적인 강의를 들었다. 2학년 선배가 소개되었고, 그는 일어나서 그저 자기의 경험담을 이야기했다.

고등학교 시절 그는 모든 시험에서 탁월한 성적을 거두었다. 졸업 시험도 전부 A로 통과했다. 의과대학까지의 그의 항해는 순조로웠고 그는 자신감 넘치는 1학년을 시작했다. 그는 대부분의 강의와 소규모 수업에 참석했지만 정해진 교과 과정 외에 추가적인 공부는 하지 않았다. 그는 자신만만하게 시험을 치렀지만 모든 과목에 낙제하는 참담한 결과를 맛보았다.

그는 우리를 쳐다보았다. 그는 강의실에 있는 학생 모두가 우등생이라는 것을 상기시켰다. 우리가 어느 정도의 지적 능력을 갖췄다는 것은 이미 확실히 증명되었다. 의과대학 전까지는 그 정도의 능력이라면 성공하는 데는 크게 문제가 없었다. 그러나 응용력 없이 그저 머리만 좋은 것은 더 이상 통하지 않았다. 2학년 선배는 의대에서 요구하는 방대한 학습량을 간과했고 자만심과 자신감에 빠져 있었다. 그가 예언한 바에 따르면, 우리 중 상당수가 그해에 학교를 그만두게 될 것인데, 이는 공부가 너무 힘들거나 개념적으로 어렵기 때문이 아니라, 의대가 자신의 선택이 아니었거나 동기가 부족하기 때문이다(그리고 그 예언은 적중했다). 우리 모두 능력은 갖추었지만 훌륭한 학생은 그 능력을 정말로 옳은 이유로 사용하고 싶어 하는 이들이다.

그가 말을 마친 후 잠시 동안 강의실에 침묵이 흘렀다. 그의 이야기는 많은 사람이 의대 초기에 끝이 보이지 않는 생리학, 해부학 및 생화학의 정글에서 생존하는 데 도움이 되는 격려였다.

지금까지 가장 기억에 남는 강의는 무엇이었고 왜 인상적이었나? 우리는 학교에서 약 1만 5000시간 이상의 잘 짜인 구조화된 교육을 받았고 다시 의대에서 5000시간 동안 같은 방식의 교육을 받았다. 하지만 실제로 당신의 기억에 남는 강의나 그 외 소규모 수업은 몇 개나 될까? 아마 겨우 세 개나 네개 정도일 것이다. 왜 그 많은 수업이 우리의 기억에서 사라졌는지 이해하는 것이 학생이나 수련의의 경험을 좀 더 향상시키기 위해서는 반드시 필요하다. 〈글상자 7-2〉와 〈글상자 7-3〉의 내용은 환자의 이야기에 학생을 참여시키는 다양한 방법에 관한 예이다.

글상자 7-2 환자로 '살아보기'

지나친 일반화일지는 모르지만 많은 학생이 노인과 그들의 상태를 잘 이해하지 못한다. 우리가 젊고 건강하고 활동적일 때는 중증 외상, 장기 이식, 고난도 인터벤션 영상의학 등이 매우 흥미롭게 다가오지만 노화에 따른 신체 기능 저하, 실금, 일상생활의 어려움 등은 우리의 관심을 끌지 못한다. 당연히 '노인에게 흔한 골절'이 주제인 소그룹 수업은 별로 흥미를 끌지 못했다. 정형외과 전공의는 우리의 교육에 최선을 다했다. 그녀는 우리를 콜리스 골절(Colles' fracture)을 가진 나이 든 여성 미스 시브라이트에게 데려갔다. 골절 영상사진이나 골절을 정복하는 방법에 대한 설명은 그래도 조금 흥미로웠으나 우리의 관심은 곧 시들해졌다. 전공의가 환자에게 귀가 후 관리에 대한 설명을 할 때 나는 하품을 하다가 들켰다.

"뼈가 부러지거나 사지에 깁스를 한 경험이 있나요?"

"아니요."

"어떤 느낌인지 알고 싶지 않아요?"

"괜찮을 것 같네요."

"오른손잡이인가요?"

"정확히 맞히셨어요."

동료들은 전공의의 지도하에 내 오른손목에서 팔꿈치까지 석고 붕대를 엉성하게 감았다. 석고붕대는 무겁게 느껴졌지만 석고가 마르면서 생기는 온기는 묘하게 기분을 좋게 했다.

"하루 동안 깁스를 유지하고 내일 와서 우리에게 경험담을 이야기해 주면 좋을 것 같아요."라며 전공의가 말했고, 나는 자랑스럽게 깁스를 하고 집으로 갔다. 나는 통증이나 부종은 없었지만 흔하게 접하는 정형외과 환자의 이야기로 '살고' 있었다.

문제는 바로 발생했다. 나는 방문 손잡이를 돌리는 데 많은 어려움을 겪었고 커피를 타다가 주전자를 거의 떨어뜨릴 뻔했다. 더 심한 건, 제대로 화장을 한다거나 옷을 입을 수도 없다는 것이다. 내 말을 믿지 못하겠다면 씻기, 브라를 뒤에서 잠그기, 엉덩이

닦기, 운동화 끈 묶기 등을 익숙하지 않은 한 손으로 직접 해 보라. 다시는 기억하고 싶지 않은 매우매우 수치스러운 경험이었다.

다음 날 전공의는 내 안쓰럽고 지저분한 깁스를 제거해 줬고 나는 해방되었다.

"학생은 그래도 운이 좋은 거예요." 전공의가 말했다. "젊고 건강하고 통증이 없잖아요. 미스 시브라이트는 도와주는 사람도 없이 앞으로 6주 더 깁스를 하고 있어야 해요. 미스 시브라이트의 정형외과 이야기는 이제 막 도입부를 지났을 뿐입니다."

글상자 7-3 '선생님, 아기를 갖고 싶어요.'

이 사례는 그저 딱딱하고 지루한 사실을 나열하는 방식이 될 수 있었던 강의를 산과 의사가 어떻게 개선했는지에 대한 것이다. 산과 의사는 불임의 원인이 되는 생리, 해부학적 이상과 그에 관련되는 치료법을 실제로 병원을 방문한 다양한 환자의 사례와 연결시켰다.

- "2년 동안 아이를 갖기 위해서 노력했는데, 전혀 성과가 없어요. 뭔가 잘못된 것 같아요"
- "저는 다낭난소증후군(polycystic ovary syndrome: PCOS)을 진단받았는데요. 어떻게 하면 아이를 가질 수 있을까요?"
- "제 나이 서른일곱인데, 만약 체외수정(IVF)을 시도한다면 잘못될 확률은 얼마나 되나요?"

학생들에게 필요한 모든 사실들은 맥락화되면서 좀 더 확실해지고 의미 있게 되었다. 이 이야기는 나의 경험담일 수도 있다. 이것은 학생에게 정보를 전달하는 매우 간단한 방법이지만, 5년이 지난 지금도 나는 그 내용을 기억하고 있다.

다른 문화, 다른 이야기

선택 실습은 학생들에게 삶의 전환점이 될 수 있다. 의사가 되고 싶다는 생각을 했을 때부터 아프리카에 가는 것은 나의 로망이었다. 오랜 고민 끝에 일과 동시에 야외활동 및 트래킹을 병행할 수 있는 탄자니아에 가기로 결정했다. 자원봉사단체와 연락을 취한 후에 킬리만자로산 기슭에서 가까운 도시와 남서부의 시골 중에 선택할 수 있었다. 나는 다르에스살람에서 1200km 떨어진 서루크와 지역의 엠판다 지구병원(Mpanda District Hospital)을 선택했다.

그곳에 도착하기까지 잠비아 국경에서 보낸 하루를 포함해 장장 6일이 걸렸다. 300km를 가기 위해 무려 8시간 버스를 타야 했고 병원까지 가는 마지막 240km의 먼지 나는 비포장 도로는 아랍계 보석 채굴 광부들과 함께 히치하이크를 했다.

나는 닥터 살룸과 닥터 샤오테를 그림자처럼 따라다녔다. 살룸은 기본적인 의료를 시행할 수 있는 2년의 보조의사(assistant medical office: AMO) 과정을 마쳤고 샤오테는 병원에서 유일한 자격증을 가진 의사였다. 우리는 아침 외래 시작 전에 병동 여섯 개, 두 개의 수술실, 수간호사 사무실, 부엌, 세탁실을 돌아보고 병원의 모든 직원을 만났다. 진료를 받기 위해 외래를 방문하는 환자의 수는 엄청났다([그림 7-1]과 [그림 7-2] 참조).

나의 첫 환자 무사는 양다리에 붕대를 대충 감은 채 다리를 절면서 진찰실로 들어왔다. 대부분의 아프리카인은 자신의 생년월일을 몰라서 대충 몇 번 추수했는가를 세어 나이를 헤아렸는데, 무사의 나이는 정확히 알 수는 없지만 60세 근처였다. 나는 그 당시 스와힐리어를 거의 알지 못해서 닥터 살룸이 통역을 했다. 무사는 다리에 궤양이 생긴 지 몇 달이 되었고 상처 부위가 계속 아프다고 호소했다. 지금까지 몇 가지 '일차' 항생제로 치료를 했지만 궤

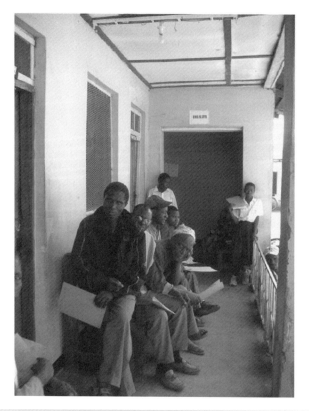

[그림 7-1] 엠판다 지구병원의 외래환자

양은 점점 악화되고 통증도 심해져서 그는 일까지 할 수 없게 되었고, 생계에 어려움을 겪고 있었다. 한 번 생긴 열대성 궤양을 치료하려면 항생제와 항진 균제 그리고 복잡한 드레싱 요법을 같이 사용해야 한다고 닥터 살룸이 설명했다. 무사는 머리를 숙여 절하며 말했다. 'Sina pesa kwagnu(우리 가족은 가난하고 난 가진 돈이 없어요.)' 무사는 나를 쳐다보았고 우리는 몇 초 동안 눈이 마주쳤다. 그는 한숨과 함께 고개를 돌렸고, 우리 둘에게 고맙다는 인사를 하고는 돌아갔다. 그의 손에는 그의 주머니 사정에 맞는 또 다른 저렴한 일차항 생제 처방전이 들려 있었다.

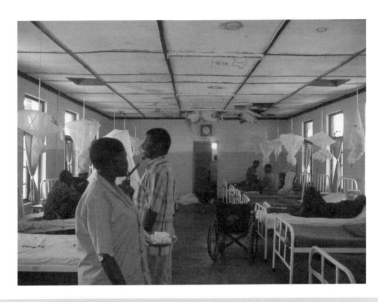

[그림 7-2] 엠판다 지구병원의 남성 외과 병동

그 후로 몇 달 동안 나는 병원의 경영에 대한 것도 배웠다. 나는 고국에서는 전혀 접하지 못했을 말라리아, 장티푸스, 콜레라 같은 복잡한 열대성 질환 및 간염에 대해서도 기초적 이해를 할 수 있었다. HIV/AIDS와 결핵 클리닉들에서는 이 지역에 이러한 질병의 확산에 얽힌 뒷이야기들도 들었다. 이것은 손자 여섯 명의 정기 검진을 위해 방문한 할머니 이야기이다. 세 아이는 인체면역결핍바이러스(HIV)에 감염되어 있었고 다른 한 아이는 질환이 에이즈로 이미 진행되어 있었다. 아이들의 부모는 에이즈로 인한 합병증으로 몇 년 전에 사망하였고 손자들의 양육은 오로지 할머니 혼자 감당하고 있었다. 아이들의 할머니는 생계를 위해서 다시 일터로 나갈 수밖에 없었다. 할머니에게는 항상 아이들을 학교에 보낼 여유가 없었지만, 그래도 교복과 책을 살 여윗돈이 생기면 '건강한' 두 아이는 가끔 학교에 가기도 했다.

내가 그곳에서 접한 이야기들은 정말 충격적이고 가슴 아픈 것들이었다. 처음엔 당황하고 어쩔 줄 몰랐지만, 개개의 이야기들을 통해서 나는 그들의 삶의 내면을 좀 더 들여다볼 수 있게 되었고 질병의 기본 진단과 치료에 대해 좀 더 잘 이해하게 되었다. 또한 나는 점점 더 내가 얼마나 잘 보호받고 특권을 누리면서 살았는지 깨닫게 되었다.

병원은 너무나도 낙후되어 있어서 부족한 자원이 많았다. 가능한 혈액검사는 제한되었고 초음파 기계는 부실했으며 영상 기계와 수술장 이용은 정전으로 중단될 때가 잦았다. 약품 비축량이 줄어들 때는 파상풍 치료약인 다이아제팜(diazepam)이나 외상에서 사용되는 마약성 진통제 같은 '귀한' 약제는 공급을 제한해야 했다. 나는 어떤 질환들은 치료를 위해서 특정 약품, 의료기기, 시설 등 가장 기본적인 자원이 갖춰져야 한다고 생각했다. 그러나 현지 의료진들은 그런 필수적인 자원 없이 항불안제나 '전통적인' 항생제만으로도 환자들이 치유되었다는 사례들을 계속해서 이야기했다.

미래로의 귀환

문명화된 서구의 의료 현장으로 복귀한 후의 이행 과정은 생각보다 힘들었다. 나는 꽤 큰 대학부속병원의 응급실에서 실습을 하고 있었는데, 그곳도 바로 전의 엠판다 병원처럼 환자와 보호자로 가득했지만 뭔가 확연히 달랐다.

한 환자가 최근에 수술받은 부위의 창상 감염으로 이송되었다. 그는 의사를 만나기 전에 몇 시간을 기다렸고 분명히 기분이 썩 좋아 보이지는 않았다. 담당 교수가 자신을 소개하고 학생인 내가 진료를 참관할 것이라고 설명했다. 환자는 말이 없었다. 하지만 현재 불편한 것이 무엇이냐는 질문에 환자는 긴 대기 시간, 그의 지역 일반의의 불성실한 치료에 대한 불만, 검사를 제때 받지 못하고 기다려야 하는 불편함, 의사, 간호사 그리고 국민건강보험(National Health Service: NHS) 전체에 대한 비난 등을 공격적으로 우리에게 퍼

부었다.

나는 깜짝 놀랐다. 금요일 밤에 술 취한 환자에서나 볼 수 있는 그런 공격성을 월요일 오후에 중년 남성이 보일 것이라고는 상상조차 하지 못했기 때문이다.

담당 교수는 진료가 지연된 것에 대해 차분하게 사과했고 그동안 다수의 응급 환자가 있었고 의료진은 최선을 다하고 있다며 양해를 구했다. 그러나 환자는 수긍하지 않았고 계속해서 낮은 질의 의료 서비스에 대해서 불평했다. 교수가 여러 번의 사과를 한 후에야 겨우 치료에 대한 이야기를 시작할 수 있었다. 실제로 상처는 간단한 항생제로 치료가 가능한 가벼운 감염 상태였다. 환자는 도착할 때와 다름없이 잔뜩 화가 나서 귀가했다.

나는 환자의 독선, 오만함 그리고 공격적인 태도가 몹시 당황스러웠다. 내가 방금 돌아온 탄자니아에서는 한 여성이 진료를 받기 위해 생사를 헤매는 아이를 데리고 84km를 이틀에 걸쳐 걸어왔고 더군다나 그들은 자신들의 돈을 써서 모든 의료비를 감당해야 하고 어디에서도 보조받지 못한다. 나는 어떻게 사람들이 질 낮은 의료 서비스에 대해 NHS를 비난할 수 있는지 도저히 이해할 수 없었다. 방금 전의 응급실 환자는 생명에 큰 지장이 없는 만성 질환으로 무료로 수술을 받았고 그에 따른 합병증으로 지역 보건의의 진료를 무료로 받을 수 있었다. 응급실에 도착한 지 3시간 만에 간호사 면담, 혈액 검사, 상처 검체 검사 그리고 전문의 진료와 항생제 치료가 모두 마무리되었고 역시나 비용은 모두 NHS에서 부담하였고 그는 한 푼도 내지 않았다.

휴식 시간에 나는 교수에게 이런 의견을 강력하게 피력했다. 교수는 말했다. "우리는 환자 이야기의 전부를 알 수 없어요. 그의 아내가 최근에 그의 곁을 떠났거나 집에 아픈 아이가 있을지도 모르죠. 빨리 직장에 복귀하지 않으면 해고될 상황에 처해 있을 수도 있고요." 그는 병원에서 일하는 의료진이 느끼는 중압감과 처한 상황을 이해하지 못하는 환자들과 논쟁을 벌이는 것은 아무 소용이 없다고 설명했다. 그리고 덧붙였다. "당신이 무엇과 싸워야 할까요? 선택은 당신의 몫입니다."

우리는 이야기로부터 배움을 계속할 수 있다

나는 이제 더 이상 학생이 아니다. 그러나 이야기들은 전문 직업인으로서의 나의 삶에서 계속 중요한 역할을 하고 있다. 날마다 나는 환자들에게 놀란다. 어떤 경우는 우리의 모든 노력에도 불구하고 환자의 상태는 악화되고 예상치 못했는데 돌연사하기도 한다. 반면에, 중요한 단서를 놓쳐서 일이 잘못된 경우에도 우리는 큰 문제없이 상황을 넘길 때가 있다. 안 그럴 때도 있지만.

20대 중반의 젠은 병원에 오기 며칠 전까지는 건강하고 아무 문제가 없었다. 나는 젠의 기록지를 보면서 한숨 섞인 목소리로 간호사에게 말했다. "심각한 질환도 아닌데 그냥 가까운 지역담당 의사에게 가지 왜 여기까지 왔을까요?"

"더 이상 전처럼 언덕을 제대로 달릴 수가 없어서 왔어요."

젠은 주로 야외에서 달리는 힐 러너(hill runner)였고 정기적으로 뛰는 마라톤도 3시간 이내에 완주했다. 그런데 지난 며칠 동안 숨이 차고 힘들어서 잘 달릴 수가 없었다. 그러나 오른쪽 가슴에 약간의 통증을 호소하는 것 외에는 별다른 증상이 없었다. 외형적으로 정상이었고, 산소포화도 98%, 분당 호흡수 16회, 분당 심박수 80회 등 안정적인 활력 징후를 보였다. 간단한 혈액검사, D-dimer 수치 검사, 흉부 영상 촬영 등을 시행하도록 지시했다. 환자의 호소에 비해 좀 과잉진료로 생각될 수도 있지만 환자에게 해가 될 것도 없었다. 젠은 검사실로 가고 나는 결과를 기다리고 있었다. 젠이 검사실로 간 지 채 30분이 지나지 않아 대기실에서 의식을 잃고 쓰러졌다는 연락을 받았다.

심폐소생술실로 옮겼을 때 젠의 혈압과 산소포화도는 위험한 수치까지 낮아져 있었고 심장은 매우 빠르게 뛰고 있었다. 뭔가 잘못되도 한참 잘못된 것이었다.

수액 투여와 산소 공급, 혈전용해제와 인공환기를 적용하면서 젠의 상태는 가까스로 중환자실로 이송할 수 있을 정도로 안정되었다. 이후 혈전이 폐의 혈관 일부분을 막고 있는 것을 컴퓨터단층촬영(CT 스캔)으로 확진하였다. 격랑의 한 달을 보낸 후에 젠은 재활치료를 시작할 수 있을 정도로 회복되었다.

내가 이 이야기를 학생들에게 이야기하면 일부는 믿을 수 없다는 듯한 반응을 보인다. 그때 내가 해 줄 수 있는 말은 이것밖에 없다. "여러분이 의술에 능숙해졌다고 생각하는 바로 그때 여러분 또한 젠과 같은 환자를 만날 겁니다."

• 참고문헌과 추천문헌 •

Brotle DC. *The Role of Mnemonic Acronyms in Clinical Emergency Medicine: a grounded theory study*. Toronto: University of Toronto; 2011.

Diem SJ, Lantos JD, Tulsky JA. Cardiopulmonary resuscitation on television. Miracles and misinformation. *N Engl J Med*. 1996; 334: 1578-82.

Harris D, Willoughby H. Resuscitation on television: realistic or ridiculous? A quantitative observational analysis of the portrayal of cardiopulmonary resuscitation in television medical drama. *Resuscitation*. 2009; 80: 1275-9.

Van den Bulck JJ. The impact of television fiction on public expectations of survival following inhospital cardiopulmonary resuscitation by medical professionals. *Eur J Emerg Med*. 2002; 9: 325-9.

8

병원
이야기

짐 헌틀리Jim Huntley

병원(Hospital) ─ 명사. 중세영어

1. 역사. 순례자, 여행자나 낯선 사람들을 환영하고 대접하기 위한 집. 병자간호기사수도회의 모든 시설

2. 가난한 사람들을 수용하고 유지하는 자선기관. 빈곤한 자, 허약한 자, 궁핍한 자들을 위한 쉼터

3. 병자나 다친 사람을 위한 의료적이나 외과적 치료를 제공하는 기관이나 시설

『옥스포드 영어사전』 신간략판, 1993에서 인용

온 세상이 우리의 병원이다

망한 백만장자가 증여한

이 병원 안에서, 우리가 잘 한다면, 우리는

우리를 떠나지 않고 가는 곳마다 우리를 앞지르시는

아버지의 절대적인 보살핌으로 죽으리라.

T.S. 엘리어트, 「리틀 기딩」에서

이 장은 어떤 지역의 이야기이다. 2017년 6월 10일, 이제 막 101세 생일을 맞이할 글래스고의 '아픈 아동을 위한 왕립 병원(The Royal Hospital for Sick Children)', 즉 '요크힐(Yorkhill)'([그림 8-1] 참조)이 이 도시의 다른 지역에 있는 새로운 건물로 '이동하는 중'이다(NHS Greater Glasgow and Clyde, 2015a). 나는 정말로 의학에서도 삶에서도 병원의 정체성이 이동될 수 있다고 믿고 싶지만, 병원의 전경(landscape)은 근본적으로 역사적 중요성을 가지고 있다 (Berger & Mohr, 1968). '이동하는 중'이라는 말은 '죽어 가는'이라는 말의 완곡 어법이다. 비록 새 기관이 다른 곳에서 태어나는 상황의 부수적 결과로 그러 할지라도 말이다. '요크힐'은 사용되었고 학대받았다. 모든 곳에 그 상처의 흔적이 있다. 사랑의 이야기들이 태어났고 사라졌다. 맥락은 다르지만 데이 비드 위저리(David Widgery)의 말을 빌리자면, "나는 어떤 것이 죽는 것을 지 켜보고 있다. 내가 보지 않았으면 좋았을 걸 하면서. 아마도 할 수 있는 최선 은 그 과정을 기록하는 것일 것이다."(Widgery, 1991).

이 병원의 구조와 기능은 얼마 전부터 쇠락하고 있었다. 내가 5년 전 여기 로 근무하러 왔을 때, 병원은 이미 '질병의 말기'에 진입해 있었다. 더럽고, 초

[그림 8-1] 요크힐, 아픈 아동을 위한 왕립 병원

라한 외부와 별반 차이 없는 내부는 낡아빠지고, 여기저기 긁히고 더럽혀 있었다. 요크힐은 국내외의 여러 병원과 대조적이다. 사람들은 그런 병원들이 가진 그저 보여 주기 위한 미학과 조명, 티 없이 깨끗한 대리석 중앙홀에 감명을 받을 수밖에 없는데, 이는 전적으로 비생산적이고 텅 빈 공간이다. 사실 후자는 후광 효과이다(Dobelli, 2013). 프로페셔널리즘의 분위기를 자아내는 아름다움은…… 환상일 수 있다. 요크힐이 쇠락하였고 곧 사라질 상황임에도 불구하고, 나는 낡아빠진 작업장 같은 이곳 요크힐에서 일하는 것이 손색이 없이 잘 꾸며진 다른 어떤 장소에서 일하는 것보다 더 편안하다고 느꼈다.

글래스고에서는 비가 거의 지속적으로 내린다. 그럼에도, 아니, 아마도 바로 그 이유로, 길 아래 병원의 주 출입구 알림판([그림 8-2] 참조)은 얼룩으로 가득하다. 낙서도 있다. 알림판을 지나면 요크힐의 '언덕'이 나온다. 병원 이용객 수에 비해 충분하지 않은 주차 시설이 다 차면, 부모들은 유모차와 휠체

[그림 8-2] 주 출입구 알림판

[그림 8-3] 요크힐: 아픈 아동을 위한 왕립병원으로 오르는 길

어를 밀면서 이 언덕을 힘겹게 오르내린다. 녹슬고 페인트가 벗겨진 오른쪽 울타리 위에는 '사망 위험'이라는 노란색 경고 표시들이 계속 나타나는데, 이는 아마도 건너편에 있는 전원 변압기와 관련된 문구인 듯하다. 이 포장도로는 금이 가고 움푹 파인 곳이 많아 유모차와 휠체어 사용자들 그리고 운전하는 사람 모두 똑같이 불편하다([그림 8-3] 참조).

　이보다 더 잘할 수는 없었을까? 의사 노먼 베순(Norman Bethune)을 생각해 보자. 80년 전 중국에서, 그렇게 혼란스러웠던 상황에서 그는 기반병원 가운데 한 곳에서 돌계단의 마지막 부분이 없는 것을 발견한다. 베순은 그 사이를 건너뛰면서 뒤에 따르던 사람에게 건너뛰는 것이 괜찮은지 물었다. 그가 괜찮다고 대답하자, 베순은 다음과 같이 말했다.

> 그럼 회복기 환자들은—그들은 건너뛰는 것이 괜찮을까요? 뒤따르던 사람의 웃음이 사라졌다. 그들은 함께 돌을 가져와 망가진 계단을 복구했다. 이 일화는 의료인들의 입에서 입으로 전달되었고 그와 더불어 베순의 교훈도 전달되었다. "병자들을 돌볼 때, 돌 하나에도 신경을 써야 합니다."(Allan & Gordon, 1952)

여름이 되면 언덕으로 오르는 그 울타리는 일본산 마디풀처럼 보이는 초록식물로 가득하다([그림 8-4] 참조). 일본산 마디풀은 1886년 유트레히트 꽃박람회에서 '가장 흥미로운 신품종' 상을 수상했다(Shaw & Tanner, 2008).

[그림 8-4] 울타리와 잡초: 변화와 쇠락

그 이후 그 꽃의 명성은 오히려 시들해져서 이제는 영국에서 가장 치명적인 잡초로 취급된다(Shaw & Tanner, 2008). 환경식품농무부(Department of Environment, Food and Rural Affairs: DEFRA)의 연구에 따르면, 영국에서 이 마디풀을 제초하는 데 들이는 비용은 15억 파운드 이상이다(Kurose et al., 2006). 그 풀이 개발 예정지에 자라고 있으면 비용은 당연히 증가한다. 이 풀은 뿌리가 땅속으로는 깊이 3m까지 그리고 옆으로는 7m까지 뻗치고 그 싹은 활주로를 뚫을 수 있을 정도로 강력한 재생력을 가지고 있다(Kurose et al., 2006). 그러므로 이 풀을 완전히 없애기는 아주 어려운 일이다. 삶의 환경이 그러하듯이, 일본산 마디풀도 악의적일 수 있다.

도로는 일방통행이지만, 급격하게 휜 날카롭고 좁은 출구를 찾는, 자전거를 타고 다니는 몇몇 동료 전문의에게는 이것도 예외이다. 병원이라는 곳에서 이런 오만함이 조직적으로 묵인되고 있다는 것은 놀라운 일이다. 의사들이 손을 씻지 않고 환자에게서 환자로 이동하고(마치 박테리아가 그들의 명성에 경의를 표하기라도 하는 것처럼)(Damiels & Rees, 1999; Gawande, 2007), 기본적인 외과 수술 프로토콜이나 규율을 무시하고 수술실에서 착용하는 모자와 수술복 그리고 수술실용 신을 신고 병원을 활보하는 오만함. 우리는 기본적인 감염 관리 규정을 준수해야 하며, 더군다나 일방통행로를 역주행하는 행위는 중단해야 한다.

왼쪽으로 돌면, 병원 외래환자들이 지나가는 통로가 있다. 이곳에는 석고실의 열린 창문과 암병동의 환기구가 위치해 있는 '금연' 표지가 있는 구역이 있는데 바로 여기서 사람들이 삼삼오오 모여 담배를 핀다. 월트 휘트먼(Walt Whitman)이 내 어깨에 앉아, 잘 들리도록 두 손을 오목하게 모아 내 귀에 소리친다. "이 가운데 무슨 유익이 있는가, 오 나여, 오 삶이여?"(Whitman, 1892).

현관홀에는 여섯 대의 승강기가 있지만 많아야 세 대 정도까지만 제기능을 한다. 한 대는 잘못된 방향으로 가도록 설정되어 있곤 하고, 두세 대는 비록 문이 열리고 닫히기는 하지만 움직이지 않는다. 특정한 날 특정 승강기가 어떻게 기능을 할지 예측할 방법이 없다. 관리실은 일층에 있는데 만약 칠팔층에 있었다면 승강기들이 고쳐졌을까? 승강기를 사용해야 하나? 계단이라는 다른 선택이 있다(그게 더 빠르다). 『은하계의 히치하이커를 위한 안내서(The Hitchhiker's Guide to the Galaxy)』(Adams, 1980)에 등장하는 승객을 예측하고 미리 기다리는 기능을 가진 '행복한 수직 사람 수송기'와는 달리, 이 승강기는 같은 승강기의 일종이지만 십 대들의 확률 시험의 풍자처럼 기능하는데, 현관홀은 위에 놓일 것과 아래에 놓일 것들을 위한 형이하학적·형이상학적 대기실이 된다. 본래의 기능이 그것은 아니지만 이 승강기들은, 아인슈타인의 생각이 어떠하든, 이 건물 안에서 신이 주사위 놀이를 하는 것이 분명하다고 우리에게 말해 준다(Stent, 2006).

나는 인내심이 부족해서 승강기를 사용하지 않고 계단을 이용한다. 이 계단은 미끄러운 돌로 되어 있고 가파르며 한 계단의 높이는 어린아이들에게 너무 높다. 아이들이 승강기를 이용하면 계단이 높아도 문제가 없지만, 그들도 승강기를 사용하면 안 된다는 것을 안다. 아이들은 계단을 기어서 오르내리기도 하지만 대부분 힘에 부쳐서 포기하게 된다. 계단은 두 사람이 교행할 수 없을 정도로 좁다. 그래서 사람들은 보통 멈추어서 상대편을 보내고 다시 출발한다. 계단에서 어느 정도 속도를 내면서 뛸 수 있는 경우는 드물다. 이 특별한 계단의 장점은 많은 공간을 차지하지 않는다는 것이며, 따라서 꼭대기 층에서 떨어진 물건은 어디에도 방해를 받지 않고 바로 1층으로 낙하해서 부서진다. 이 건물을 설계한 사람이 소방 당국에 자문을 구했는지 의심스럽다.

외래 환자들이 주는 점수는 더 높다. 진료실은 어드벤처 놀이동산처럼 보이는데, 장난감이 아주 많아 그런 것이 아니라 덫이 많아 그렇다. 평균적으로 방 하나에 7개의 덫이 있는데, 창문 있는 쥐덫들, 델 듯 뜨거운 물, 쥐덫(2개),

3세 아이 눈높이에 있는 날카로운 책상 모서리들, 문버팀쇠(휠체어 사용자가 넘으려면 덜컥 튕겨서 이보다 불편한 곳은 없다), 소파의 옆 손잡이들—때로는 낙상을 막아 주기도 하지만 또 하나의 깜짝 놀라게 하는 경첩인 위험한 '장난감'—이다.

난 병원 내부와 주변을 사진 찍을 수 있는 허락을 받았다. 환자와 병실의 사진 촬영이 허락되지 않은 것은 아주 올바른 일이다. 이와는 대조적으로 NHS 그레이터 글래스고 앤드 클라이드(NHS Greater Glasgow and Clyde)의 소책자, 『아픈 아동들을 위한 왕립병원의 1882년부터 2015년의 자랑스러운 역사 기념서(Celebrating a Proud History: the Royal Hospital for Sick Children 1882-2015)』(NHS Greater Glasgow and Clyde Corporate Communications Team, 2015)에는 아이들, 간호사들, 병실들을 촬영한 사진이 가득하다. 과거 사진에서는 병실이 깨끗하고 넓고 밝아 보인다. 긍정적으로 보인다고까지 말할 수

[그림 8-5] 아픈 아이들을 위한 왕립병원 내부

있다. 오늘날 그런 모습은 거의 찾아볼 수 없다. 지난 10여 년 동안 간호의 제
공, 인력, 병원 내 교육과 직업 안정성이 점진적으로 약화되어 왔다. 간호사들
이 으레 가지는 강인함과 친절, 쉽게 좌절하지 않는 탄력성에도 불구하고, 그
들의 사기는 저하되어 있다. 높은 침상 점유율과 회전율, 경영목표 계획서에
명시되어 있는 '효율성' 등 여러 가지 이유로 병동은 정신없이 바쁘고 빠르게
돌아간다. 게다가 실시간으로 간호 기록지도 작성해야 하는 어려움이 있다.

  지하는 사람들을 위한 공간은 아니지만, 안에서 들어오고 밖으로 나갈 수
있는 양방향 지름길이다([그림 8-5] 참조). 여기, 벗겨지는 피복재, 누덕누덕
기운 파이프들, 모피를 씌운 잠금 꼭지들, 흉터와 섬유화, 먼지와 거미줄 이
모든 것 사이에 '생명의 조짐'들이 있다. 즉, 사람의 몸이라면 활발하게 장들

[그림 8-6] 아픈 아동을 위한 왕립병원 옆 출구: 빛으로

이 움직이는 복부에 해당하는 병원의 구역이다. 영양 공급과 배설, '분주하게 활동 중인' 체액과 가스. 병원이나 인간이나 배관은 완벽한 상태에서 시작하여 안에서 밖으로 천천히 경색이 진행된다. 이 삐걱거리는 거대한 시체에는 고귀함이 있다. 1911년에 있었던 요크힐 병원 연례 모임에서 헥터 캐머론(Hector Cameron) 경은 "병원은 전투함과 같다."고 선언한 바 있다. "처음 개원 했을 때가 최선의 상태이다."(Robertson, 1972) 클라이드강의 많은 배처럼, 그것(요크힐)은 자신의 임기를 다했다. 다른 비상구들, 출구들을 통해 밝은 빛으로 나아간다([그림 8-6] 참조).

수술실 5번에서 바라보는 전경은 매우 인상적이어서 비록 그것이 수술 결과를 변화시키지는 않을지라도, 그 전망은 두고두고 잊지 못할 것이다([그림 8-7] 참조). 글래스고 대학은 그 전경에 스코틀랜드 계몽주의가 대변하는 모든 것을 담고 있고, 대학의 전면에는 외과학과 과학 영역에서 핵심적 인물인

[그림 8-7] 수술실 5에서 보이는 전경: 글래스고 대학

리스터(Lister) 경과 켈빈(Kelvin) 경의 조각상이 서 있다. 이 전경에 값을 매길 수 있을까?

우리는 최근에 운 좋게도 전자의무기록 전산 시스템을 대규모로 업그레이드했다. 안타깝게도 이러한 좋은 의도로 행해진 톱다운 방식의 지시는 부적절한 IT 하부 구조에서 불충분하게 구축되었다. 그것은 '결코 발생해서는 안 되는' 사건인 컴퓨터 고장(crash)에 취약하다고 판명되었고(Scottish Parliament, 2013), 종이를 일부 사용하는 기존의 제한된 시스템보다 정말로 더 느리고 취약하다. 이런 문제는 분명 예측 가능한 문제이고 예측되었던 문제인데, 불행하게도 예상은 못했나 보다. 불길하게도, 많은 톱다운 방식으로 이루어지는 새로운 시도들은 팀 정신을 약화시킨다. 간호병동이든, 전문부서든, 아니면 직원 역량 개발에서든 어디서든 그러하다.

경영(혹은 관리, 지도, 정치)을 하던 경영자, 관리자, 지도자, 정치가(Peters & Waterman, 1982) 중 누구라도 '이리저리 현장을 돌아다님으로써' 무언가를 알아차리고 인지하고 염려해서 그것을 바로잡을 수 있지 않았을까? 그것들이 경영목표 계획서에 속해 있지 않다는 이유가 이러한 무수한 문제를 간과하는 이유가 될 수 있는 것일까? 프랜시스(Francis)가 '조직의 일—환자의 일이 아닌—을 수행하는 것에 초점을 맞추는 문화'(Francis, 2013)를 설명했을 때 그의 말이 옳았던 것인가?

강 건너편에 새 병원이 거의 다 완성되었기 때문에 심장 수술실의 지붕이나 환기 장치를 수리하는 것은 의미가 없다. 새 병원이 '최첨단 시설'(HHS Greater Glasgow and Clyde, 2015b)이라고, 더 나아가 '세계적 수준'이며 이 분야의 골드스탠다드(BBC News, 2006)라고 선전되고 있는 것은 놀라운 일이 아니다. 우리 모두 그러기를 희망한다. 무엇이 혹은 누가 이 새로운 장소를 움직이게 할 것인가? 답은 바로 예전과 같은 팀이다. 한 친구는 다중전문 팀을 설명하기 위해 약호인 'POSSE'를 사용한다. 그것은 '물리치료사(Physiotherapist), 작업치료사(Occupational therapist), 사회복지사(Social worker), 언어치료사(Speech therapist) ……그리고…… 그 외 다른 모든 사람(Everyone else)'의 약자이다.

나는 정치인과 경영진의 관심에도 불구하고(그것 때문이 아니라) POSSE, 즉 임상의, 간호사, 물리치료사, 방사선기사, 테크니션, 교정 전문가, 치료사, 심리학자, 놀이치료사, 비서, 환자이동 담당자, 사회복지사, 접수원, 기록관리자들 그리고 그 외 다른 모든 사람이 그 일을 해낼지 의심스럽다. 얄로프(Yalof)의 저서 『삶과 죽음: 병원 이야기(Life and Death: The Story of a Hospital)』(Yalof, 1988)는 [병원] 직원들에 대한 일련의 성실한 초상들(개인들의 이야기, 동기와 믿음들)을 보여 주고 그것들이 그 병원, 즉 컬럼비아–프레스비테리언 메디컬 센터(Columbia–Presbyterian Medical Center)의 정신을 만들기 위해 어떻게 결합하는지 보여 준다. 얄로프의 서문은 낙관적이다.

그것이 면밀한 조사를 견딜 수 있다는 것을, 미화되지 않은 있는 그대로의 그것이 여전히 특별한 곳으로 부각될 것임을 안다…….

이러한 근본적인 협동이 글의 초반에 강조된다.

"나는 바퀴의 살입니다."라고 응급실 전공의는 말했다. "나의 동료와 내가 함께 강하면 바퀴는 빠르게 돌 것이고, 환자의 생명은 구해질 것입니다."

병원은 그 안의 사람들 없이는 아무것도 아니다. 아마도 사람들의 이야기가 진짜 병원 이야기일 것이다. 컬럼비아–프레스비테리언 메디컬 센터의 생동감과 디트로이트에 있는 인적 없는 유나이티드 커뮤니티 병원(United Community Hospital)의 암울한 우울을 비교해 보자. 이곳 디트로이트에서 빈

곤은 높은 영아 사망률에 반영되고 있을 뿐 아니라, 쇠락하고 있는 버려진 건물을 통해서도 반영된다(Meyers & Hunt, 2014). 인간의 지리학은 역사를 반복해서 말해 준다.

글래스고의 아동 병원은 1882년에 가네트힐 지역에 설립되었다('Glasgow Hospital for Sick Children,' 1882; Robertson, 1972; NHS Greater Glasgow and Clyde Corporate Communications Team, 2015). NHS(1948)의 설립 이전, 아동 병원은 '자발적으로 생긴' 병원으로서, 우리가 역사적으로 특권적 위치에 있었기 때문에 그나마 늦었지만 인지하게 된 크나큰 필요에 대한 답이다. 1882년 〈란셋(Lancet)〉에 실린 한 기사가 병원의 개원과 필요성을 선언했다.

> 글래스고의 모든 사망자 중 50% 이상이 5세 미만의 아이들임을 알게 된 이래…… 20여 년이 지났다('Glasgow Hospital for Sick Children,' 1882).

글래스고의 연간 사망률은 그 도시 인구의 거의 3%였다(NHS Greater Glasgow and Clyde Corporate Communications Team, 2015). 병원을 설립하고자 하는 투쟁은 이를 방해하는 정치적 움직임을 포함해 기존의 이해관계와 대면해야 했다. 부끄럽게도 왕립병원 이사회와 글래스고 대학 상원의원이 특히 그러했다(Robertson, 1972).

병원은 1914년에 현재 위치로 옮겨졌지만, 불과 50년 후에

> JJ 버넷(JJ Burnet)의 건물은 생명을 다했다. 철근과 콘크리트 구조에 결함이 발견되었고, 건물은 '잠재적 붕괴' 상태라고 선언되었다(Robertson, 1972).

그래서 병원은 1966년에 철거되었고 1972년에 다시 건립되어 문을 열었다. 병원이라는 말이 가지는 가장 좋은 의미로 병원은 창립되었고 계속적으로 건

물이 들어섰으며, 자선 활동('인류에 대한 사랑')으로 운영되었다. 오늘날에는 NHS가 경영을 맡고 임금을 지불하지만 기존의 문화인 POSSE의 돌봄은 계속되고 있다. 그들은 서로에게 기대고 서로에게 의지하며 정해진 시간을 훨씬 넘어 헌신한다. 병원은 복잡한 시스템이다. 그 말은 병원의 조직이란 최고경영자와 무관하게 각 다른 영역의 행위자들(POSSE의 사람들) 간의 다양한 상호작용에 달려 있다는 의미이다. 요컨대, '선두주자'는 없다. 병원은 엄격한 계층 구조이어서는 안 된다. 복잡한 시스템의 장점은 거기서 만들어진 물질(실제 결과물)이 원료들 사이의 상호작용과 다른 '질서'의 속성을 갖는다는 것이다(Johnson, 2009). 로버트슨(Robertson)은 자신의 텍스트 『요크힐 이야기 (The Yorkhill Story)』를 다음처럼 결론 내린다.

> 새 병원에서 소아과가 어떤 드라마를 쓰며 발전할지라도, 요크힐 이야기가 가네트힐의 평범한 주거지에서 시작되었으며, 글래스고에 아동 병원을 설립하기 위해 20여 년 동안 싸울 정도로 신념을 가졌던 몇몇 사람에 의해 시작되었음을 결코 잊어서는 안 된다.

천시 리크(Chauncey Leake, 1953) 역시 맨체스터 왕립병원과 마운트 시나이 병원에 대한 두 권의 책을 리뷰하면서 비슷한 칭찬을 한다.

> 기관의 전기(biography)는 개인의 전기와 똑같이 흥미롭고 중요하다. 변화하는 개인들의 집단으로 구성된 기관은 적절하고 효과적으로 발전하여 성공적인 모델이 되곤 한다.

마샬 마린커(Marshall Marinker, 1988)는 보건과 진단과 질병에서 병원의 역할에 대해 다음과 같이 말한다.

현대 병원의 존재 이유는 질병을 발견하고 드러내어 관리하는 것이다. 정의상 최고의 질병들, 가장 현란하고 가장 화려하고 가장 흥미로운 질병들이 스스로를 드러내는 곳이 병원이다.

병원은 심각한 장소이다. 어떻게 보면, 심각한 문제를 가진 환자들을 위해 고안된 곳이다. 크라이튼(Crichton)은 46년 전 자신의 초기 작업에서 의사 중심의 병원 설계와 환자 중심의 병원 설계 사이의 갈등에 대해 논했다.

'환자 중심 병원'이 현재 유행하는 개념이다. …… 사람들은 오랫동안, 적어도 25여 년 동안, 환자의 필요가 의사의 편의와 충돌하지 않을 때에만 환자의 필요에 맞추어 병원이 설계되어 왔다고 인정했다(Crichton, 1970).

한 건축가 친구는 내게 "너무나 많은 병원이 소통처럼 설계되고 있다."라고 말한다. 분명 많은 수의 병원 건물이 지독히도 암울하지만, 그것이 전적으로 임상의들 때문이라고 단정 지을 수는 없다. 의료 전문가들은 지도와 계획, 환자의 흐름, 응급실과 핵심적인 방사선 촬영실을 같은 영역에 두는 것 등에 관심을 가지고 있다. 자신의 책 『해가 되지 않게 하기(Do No Harm)』에서 신경외과 의사인 헨리 마시(Henry Marsh)는 자신의 특정 사례에 대해 민간투자개발사업(Private Finance Initiative: PFI)에 책임을 묻는다(Marsh, 2014).

……대부분의 PFI 계획처럼 이 건물의 설계는 단조롭고 독창성이 없다. 또한 건축비도 싸지 않다. PFI는 2류 공공건물을 매우 비싸게 짓는 방법임이 증명된 상황이었다.

병원은 그것이 속한 사회의 경제와 역학과 더불어 진화한다. 마시는 옥상

정원을 만들기 위한 수년간의 투쟁을 설명하는데, 수년 동안의 캠페인과 대규모 자선기금을 모금하기 위한 그의 투쟁의 절정은 '환자와 가족 모두가 녹색 공간을 즐기기 위해 나가서 병실 침대가 거의 모두 비어 있는 광경'이었다.

구조에 관한 크라이튼의 논평에서 아주 작은 한 걸음만 움직이면 기능과 태도에 대한 이야기로 옮겨갈 수 있다. 카드라(Khadra)는 간호 활동에 대한 입원 환자의 관점을 기술하면서, 환자의 일이 아닌 서류 작성과 '엄청난 장부 작성'을 하면서 시스템의 일에 집중하는 프랜시스 보고서(Francis report; Francis, 2013)를 유지하는 기조에 대해 경고한다(Khadra, 1999).

> 너무 많은 행정적 단계 때문에, 내가 누워 있는 병원 침대에서 바라보면, 이 기관은 나의 필요가 아닌 기관의 필요에 부응하기 위해 세워진 듯하다(Khadra, 1999).

세실 헬먼(Cecil Helman) 역시 입원 환자의 관점에서 기술한다.

> 예를 들어, 병원에서 일어나는 일을 보자. 그 모든 성공과 경이로운 기술에도 불구하고, 많은 환자가 그린 그림은 흔히 호의적이지 않다. 그들은 병원을 폐쇄된 숨 막히는 세계로 그린다. 그곳은 올리버 삭스(Oliver Sacks)의 『한 다리로 서기(A Leg to Stand On)』(1991)에서처럼, 많은 사람이 탈인격화를 경험하는 곳, 정체성의 일부를 상실하는 곳이다. 불안이 큰 그 시기에 환자들은 가족과 친구들에게서 분리되고, 일상적인 옷이 아닌 파자마나 나이트가운 같은 유니폼을 입고 낯선 이들이 가득한 방에 환자 번호가 부여된 '사례'로 누워 있게 된다. 곧 하얀 코트를 입은 낯선 사람들이 이들을 손가락으로 쿡쿡 찌르며 질문하고, 이들의 혈액과 체액을 분석한다고 가져가고, 윙윙거리며 돌아가는 거대한 기계들이 이들의 몸 이곳저곳을 가리키고 조사한다(Helman, 2003).

　삭스의 뛰어난 단편들은 생각 없고 공감력 없는 외과 의사 혹은 삭스 자신의 자기소외에 대한 이야기들을 자주 다룬다. 하지만 임상의와 의료 전문가에 대한 긍정적인 기술도 많이 있다. 특히 그가 여행을 시작하고 나서 얼마 지나지 않아 사고를 겪은 후, 삭스(1991)는 한 젊은 노르웨이 외과 의사에 대해 다음과 같이 말한다.

　　그는…… 나의 마음에 가장 생생하게, 애정에 가득 찬 기억으로 남아 있다. 왜냐하면 그 자신 자체가 건강과 용기와 유머를, 환자들에 대한 가장 놀랍고 적극적인 공감을 보여 주었기 때문이다. …… 그는 벌떡 일어나 춤을 추며 나에게 그의 상처를, 그리고 그가 완벽히 회복했음을 보여 주었다.

다른 곳에서, 헬먼(2006)은 다음과 같이 주장한다.

　　……병원은 우리 사회에서 산업적인 대량 생산의 또 다른 형태인 공장이 되었다. 한쪽 끝에는 아픈 사람들이라는 원재료가 공급되고, 다른 한쪽 끝에는 건강한 사람들이 대량 생산된다. 혹은 적어도 그것이 목표이다. 하지만 병원은 우리 삶에서 매우 중요한 시기에 우리를 인격을 가진 사람에서 무생물의 물건으로 바꿔 놓는다. 그 불안하고 모호하던 시기에, 우리 인격에 대한 감각을 하나로 묶고 있던 바로 그 실타래가 조각나려는 그 위험한 시기에 말이다. 많은 병원이 이익이나 비용 효율은 아니지만 생산만을 중요시하는 사업체가 되었다. 이렇게 함으로써 사회적·정서적·정신적인 다른 대가를 따로 지불해야 한다는 것은 전혀 고려되지 않는다. 병원은 기본적으로 먹이사슬의 더 높은 곳에 있는 다른 경영자들, 다른 관리자들과 회계사들의 이익을 위해 일하는 관리자들이 운영하는 사업이 되었다. 오늘날 그렇게 많은 환자가 병원에 불만을 느끼는 것은 놀라운 일이 아니다.

바이넘(Bynum, 2008)은 다음과 같이 말한다.

> 많은 문제가 있음에도, 병원들은 여기 존재해야 한다. 병원을 없어서는 안 되
> 는 것으로 만드는 세 가지 특징이 있다. 그것은 정교한 진단, 급성 환자 치료 그
> 리고 수술이다.

헬먼, 삭스, 카드라와 크라이튼의 주장은 제한된 자원과 '인간성을 유지하
기' 위한 공리주의적 윤리(최대 다수의 최대 행복)의 맥락에서 어려운 도전으로
인정될 필요가 있다. 그들의 주장은 지역 병원이 폐쇄될 가능성이 제기될 때
흔히 표현되는 일반인들의 풀뿌리 분노와 구별되어야 한다. 병원의 역사, 병
원의 정신, 지도력, 설계와 예술 모두 병원의 사명에 대한 진부하고 뻔한 강
령이 아니라 더 크고 진취적인 계획으로 대처해야 하는 중요한 도전들을 제
기한다.

일개 병원에 대한 이 이야기는 그렇게 특별한 이야기가 아닐 수 있다. 비슷
한 이야기들이 세계의 많은 병원에 관련되어 존재할 수도 있다. 하나의 건물
이, 구성이 복잡하고 흔히 역기능적인 유기체를 그 안에 담고 있는 벽돌과 콘
크리트 무생물 집합체가, 자체의 고유한 내러티브를 가지고 있다. 병원 이야
기는 우리 이야기처럼 그리고 우리 환자들의 이야기처럼 가치가 있다. 나는
이 결함 많고 불완전하고 복잡한 병원이 죽어 갈 때, 그것이 아주 높은 형태
의 인간적 그리고 사회적 노력을 대변한다고 주장하고자 한다. 자신의 '후기'
에서 얄로프(1988)는 병원과 인류를 나란히 놓는다.

> 내가 확신하는 또 하나는 일은 여전히 계속될 것이라는 사실이다. 이런 의미에
> 서 병원의 심장은 인간의 심장을 모방하고 나아가 능가하기도 한다. 심장은 계
> 속 뛰고 있다.

병원은 여러 사람이 힘을 모은 박애주의적 노력이며, 아마도 그것이 '문명'에 대한 정의일 수 있다. 병원은 인류가 제공할 수 있는 최선의 것에 대한 은유이면서 동시에 척도이다. 우리가 열망하는 만큼 좋은 것은 아니라도, 우리의 최악의 행동보다는 훨씬 낫다. 이것이 어떤 지역의 이야기이다.

• 참고문헌과 추천문헌 •

Adams DN. *The Restaurant at the End of the Universe.* London: Pan; 1980.

Allan T, Gordon S. Chapter 50. In: *The Scalpel, the Sword: the story of Doctor Norman Bethune.* Toronto: McClelland & Stewart; 1952.

BBC News. *Site for £100m Hospital Announced.* 14 March 2006. Available at: http://news.bbe.co.uk/1/hi/scotland/4804778.stm (accessed 4 June 2015).

Berger J, Mohr J. *A Fortunate Man: the story of a country doctor.* Readers Union edition. London: Penguin Press; 1968.

Bynum W. Medicine in the modern world. In: *The History of Medicine: a very short introduction.* Oxford: Oxford University Press; 2008.

Crichton M. *Five Patients.* New York, NY: Alfred Knopf; 1970.

Daniels IR, Rees BI. Handwashing: simple, but effective. *Ann R Coll Surg Engl.* 1999; 81: 117–18.

Dobelli R. Everyone is beautiful at the top: halo effect. In: *The Art of Thinking Clearly.* London: Hodder & Stoughton; 2013.

Francis R. *Public Inquiry. Report of the Mid Staffordshire NHS Foundation Trust Public Inquiry. Vol. 1. Analysis of evidence and lessons learned (part 1).* London: The Stationery Office; 2013. Available at: www.midstaffspublicinquiry.com/sites/default/files/report/Volume%201.pdf (accessed 3 April 2013).

Gawande A. On washing hands. In: *Better: a Surgeon's Notes on Performance.*

London: Profile Books; 2007.

Glasgow Hospital for Sick Children. *Lancet.* 1882; 1: 1053.

Helman C. Introduction: the healing bond. In: Helman C, ed. *Doctors and Patients: an anthology.* Oxford: Radcliffe Medical Press; 2003.

Helman C. Hospital. In: *Suburban Shaman: tales from medicine's frontline.* London: Hammersmith Press; 2006.

Johnson NF. Section 1.4 The key components of complexity. In: *Simply Complexity: a clear guide to complexity theory.* Oxford: Oneworld; 2009.

Khadra M. What cost, compassion? In: Slater S, Downie R, Gordon G *et al.*, eds. *The Magic Bullet and Other Medical Stories.* Glasgow: Royal College of Physicians and Surgeons of Glasgow; 1999.

Kurose D, Renals T, Shaw R *et al. Fallopia japonica*, an increasingly intractable weed problem in the UK: can fungi help cut through this Gordian knot? *Mycologist.* 2006; 20: 126-9.

Leake CD. Portrait of a hospital, 1752-1948, to commemorate the bi-centenary of the Royal Infirmary, Manchester. *Yale J Biol Med.* 1953; 25: 289-90.

Marinker M. Sirens, stray dogs, and the narrative of Hilda Thomson. In: Greenhalgh T, Hurwitz B, eds. *Narrative Based Medicine: dialogue and discourse in clinical practice.* London: BMJ Books; 1998.

Marsh H. Oligodendroglioma. In: *Do No Harm: stories of life, death, and brain surgery.* London: Weidenfeld & Nicolson; 2014.

Meyers T, Hunt NR. The art of medicine. The other global South. *Lancet.* 2014; 384: 1921-2.

NHS Greater Glasgow and Clyde. New South Glasgow Hospitals. *NSGH on the move...* Issue 4. Glasgow: NHS Greater Glasgow and Clyde; 2015a.

NHS Greater Glasgow and Clyde. *New Children's Hospital.* Glasgow: NHS Greater Glasgow and Clyde; 2015b.

NHS Greater Glasgow and Clyde Corporate Communications Team. *Celebrating* a Proud History: the Royal Hospital for Sick Children, 1882-2015. Glasgow: NHS Greater Glasgow and Clyde; 2015.

Peters TJ, Waterman RH, Jr. Hands on, value-driven. In: In Search of Excellence. London: HarperCollins; 1982.

Robertson E. The Yorkhill Story: history of the Royal Hospital for Sick Children, Glasgow. Glasgow: Yorkhill and Associated Hospitals Board of Management; 1972.

Sacks O. A Leg to Stand On. London: Picador; 1991.

Scottish Parliament. Official Report: meeting of the Parliament; Wednesday, 2 October 2013. Session 4: 23167-23172. Edinburgh: APS Group Scotland. Available at: www.scottish.parliament.uk/parliamentarybusiness/report.aspx?r=9030&mode=pdf (accessed 6 June 2015).

Shaw R, Tanner R. Weed like to see less of them. Biologist. 2008; 55: 208-14.

Stent GS. Francis Crick. Proc Am Philosoph Soc. 2006; 150: 467-74.

Whitman W. O me! O life! In: Leaves of Grass. Philadelphia, PA: David Mackay; 1892.

Widgery D. On yer bus. In: Some Lives! A GP's East End. London: Sinclair-Stevenson; 1991.

Yalof I. Life and Death: the story of a hospital. New York, NY: Random House; 1988.

9

이야기의
결말은?

콜린 로버트슨Colin Robertson
피오나 니콜Fiona Nicol

죽어 가는 동안 어떻게 살고 싶은지에 대해
이야기할 수 있는 방법을 고안할 수 없다면, 우리의 노력은
……마치 어둠속에서 길을 더듬으며 가는 것과 같을 것이다.

리드비터와 가버(Leadbeater and Garber, 2010)[1]

죽음에 관한 다섯 가지 이야기

대부분의 사람에게 우리가 언젠가는 더 이상 존재하지 않을 거라는 생각은
끔찍하다. 따라서 죽음을 부정하는 것은 일반적인 것이며 이와 관련된 과정과
기제에 대해 말하거나 공개적으로 논의하는 것을 의식적으로 거부한다. 어떤
사람들은 죽음 그 자체를 상상할 수 없어서 부정한다. "내가 더 이상 존재할
수 없다는 것, 그러니까 쉬지 않고 활동하고 있는 영혼이, 기쁨과 슬픔의 순간

---

1) 역주: Leadbeater, C. & Garber, J. (2010). *Dying for Change*. London: DEMOS.

에 똑같이 살아있는 이 영혼이 함께 있다가도 봄기운이 떨어지는 순간이나 불이 꺼지는 순간 멀리 날아가 버릴 먼지에 불과하다는 것이 나에게는 불가능하게 보인다."(Wollstonecraft, 1796).

철학자 스티븐 케이브(Stephen Cave)는 죽음에 대한 공포를 다루는 한 가지 방법이 죽음에 대해 이야기하는 것이라고 한다. 그는 인간들이 다양한 시간대와 문화에서 스스로를 위로하기 위해 이야기들을 스스로에게 들려주었으며, 이러한 이야기들은 다섯 가지 범주로 분류할 수 있다고 말한다(〈글상자 9-1〉 참조).

글상자 9-1 죽음에 관한 5가지 이야기

- 불로장생의 영약 이야기(The Elixir story)
- 부활 이야기(The Resurrection story)
- 영혼 이야기(The Soul story)
- 유산 이야기(The Legacy story)
- 지혜 이야기(The Wisdom story)

그는 첫 번째 이야기를 영약 이야기라고 부른다. 여기서는 마법의 알약, 물약 또는 (종교적) 의식이 질병과 노화를 막고 죽음을 피하게 한다. 마술을 믿는 사람은 거의 없지만 이러한 아이디어는 여전히 널리 퍼져 있으며 연령 또한 이러한 태도에 영향을 미치는 것으로 보인다(Maxfield et al., 2007). 물론 생명의 영약에 대한 우리의 실제 경험은 그것이 어떠한 형태이든 약속이 이루어지지 않는다는 사실이다. 이는 우리에게 보완 계획이 필요하다는 것을 의미한다. 케이브는 이것을 부활 이야기라고 부른다.

부활 이야기는 신체적 혹은 의식적인 자기(self)가 죽음 이후에 부활할 수 있다고 약속한다. 혹자에게는 약속된 사후 세계가 그들 종교의 주된 초점이 된다. 살아 있는 동안의 그들 행동은 헌신적이며 부활의 성취를 위한 것이다. 예수의 이야기는 부활한 신을 그리는 첫 번째 이야기가 아니었다. 이집트의 신들은 사후 세계를 위해 미라가 되었다. 그리고 이제 우리는 그러한 믿음을 지지하고 심지어는 대체할 새로운 기술을 갖게 되었다. 인체냉동보존술(cryonics)은 현대 의학으로는 연명할 수 없는 사람들을 미래에는 치유와 소생을 가능하게 할 기술이 있을 것이라는 기대를 가지고 저온 보존하는 것이다.

대부분의 사람은 그들이 죽지 않는 본질의 한 형태인 영혼이나 정신을 가지고 있으며, 비록 이생의 이야기가 잘 풀리지 않더라도 어떤 형태로든 다시 태어날 수 있기 때문에 계속 살게 될 것이라고 믿는다. 영혼 이야기는 케이브의 세 번째 이야기이다. 초기 기독교인들은 육체적 사후 세계를 믿었으나 시간이 지나도 최후의 심판이 내려지지 않자 사후 세계가 형이상학적인 것이라고 이야기를 바꾸기 시작했다. 다른 종교들도 비슷한 생각을 가지고 있다. 불교 신자들은 반드시 사람의 형상으로 태어나지 않는다 할지라도 환생이 되는 본질(essence)이 있다는 개념을 믿는다. 힌두 교도들에게 있어 개인의 영혼은 영원하며 환생은 반복적인 부활을 허용한다. 컴퓨터 시대는 이러한 견해에 더욱 기여했다. 육체적 복원이 이루어지지 않는다 하더라도 '의식'은 그렇게 될 수 있다는 것이다. "나의 뇌는 인터넷이나 '칩'에 업로드될 것이다."

네 번째 이야기는 유산 이야기이다. 당신은 당신의 업적 또는 당신의 자녀, 다시 말해 당신의 유전자를 통해 계속 존재한다는 생각이다. 분명 우리는 원자와 분자로 돌아가며 이것들은 '계속 살아갈' 것이다. 물질/에너지(matter/energy)는 창조되지도 않고 파괴되지도 않기 때문이다. "……그것은 아무것도 아닌 것이 되지는 않을 것이다. 우리는 수천 개의 풀잎과 수만 개의 잎사귀에서 다시 살게 될 것이다. 우리는 빗방울 속에 담겨 떨어질 것이며 신선한 산들바람으로 불게 될 것이다. 우리는 저기 물리적 세계 속에서 별과 달 빛

아래 이슬로 반짝일 것이다."(Pullman, 2002) 이러한 형태의 '후생(afterlife)'은 이들의 신체적 혹은 정신적 본성의 어느 것도 포함하고 있지 않지만, 그래도 안심이 된다.

이전 세대들이나 다른 문화권에서 이러한 이야기 중 한 가지 이상을 믿었다는 증거는 적지 않다. 이집트의 피라미드와 터키의 괴베클리 테페(Göbekli Tepe), 오크니의 마이스 하우(Maes Howe), 아일랜드의 뉴그랜지(Newgrange) 같은 신석기 무덤들은 특별한 기운이 감도는 수수께끼 같은 무덤들이다. 로마인들에게는 가족들이 친척들의 무덤을 방문하는 9일간의 축제인 '파렌탈리아(Parentalia)'[2]가 있었는데, 이때는 무덤 안에 특별하게 지어진 방에서 종종 죽은 사람들에게 식사를 제공하고 축하하는 소풍을 즐겼다. 매년 3백만 명의 방문객이 타지마할 앞에 서 있는데, 그들은 아마도 타지마할이 뭄타즈 마할(Mumtaz Mahal)의 남편 샤 자한(Shah Jahan)이 그녀를 위해 지은 무덤인 것임을 잊고 있을 것이다. 빅토리아 시대의 죽음과 애도에 대한 집착은 건축, 기념비, 예술, 그리고 점점 더 넓어져 가는 묘지의 정교한 조각의 묘비들에서 아직도 찾아볼 수 있다. 19세기의 사자들의 도시(Cities of the Dead)의 특별한 예를 보고 싶다면 글래스고 네크로폴리스(Glasgow Necropolis)나 런던에 있는 켄살 그린 묘지(Kensal Green Cemetery)를 방문해 보라.

케이브의 요점은 이 회자되는 이야기들이 죽음과 존재하지 않는 것에 대한 우리의 두려움에서 나온다는 것이다. 그는, 다섯 번째 이야기로, 우리는 죽음이 무엇인지 알지 못하기 때문에 두려워할 것이 없다는 '지혜 이야기'를 제안한다. 본질적으로, 이것은 우리의 시간이 제한되어 있다고 걱정하느라 시간을 낭비하기보다는 모든 순간을 뜻밖의 선물이나 행운이 찾아온 것처럼 받아들이라는 의미이다. 우리가 어디서 그리고 언제 태어났을 수 있었는지 생각

---

2) 역주: 고대 로마에서 죽은 사람의 영혼(Manes)을 모시기 위해 해마다 한 번 올리는 제사.

해 보고 우리가 지금까지 누렸던 그리고 앞으로도 계속 누릴 기회를 경이롭게 느껴 보자. 초기 철학자들도 유사한 견해를 가지고 있었다.

> 우리가 살아 있는 동안에는 죽음이 존재하지 않는다. 반대로, 죽음이 찾아오면 우리가 존재하지 않는다. 그러므로 죽음은 산 자에게나 죽은 자에게나 상관이 없는 것이다(에피쿠루스[3]).

이런 생각이 너무 어렵게 느껴진다면 몽테뉴(Montaigne)의 말을 생각해 보자.

> 우리는 죽음이 어디서 우리를 기다리고 있는지 모른다. 그러니 어디에서나 죽음을 기다리자. …… 죽음이 악이 아니라는 것을 완전히 이해한 자에게는 삶이 더 이상 악이 아니다.

죽음 행위

이 모든 이야기는 죽음 자체를 말하는 것이지 죽는 행위를 논하는 것은 아니다. 역사적으로 어떻게 죽을 것인가에 대한 실질적인 권고를 포함하여 죽음에 대해 공개적으로 논하는 것은 아직까지 이루어지지 않았다. 일본 사무라이를 위한 의례적인 자살인 할복(Seppuku)은 극단적인 형태였다. 중세 유럽의 흑사병은 죽음에 대한 안내서 출판을 자극했다. 1414~1418년에 콘스탄스 위원회에 의해 『좋은 죽음의 기술에 관한 논문(Tractus artis bene

---

3) 역주: 에피쿠루스(BC 341~270년경)는 "빵과 물만 있다면 신도 부럽지 않다."고 말하며 금욕적인 쾌락주의를 추구했던 헬레니즘 시대의 철학자이다.

moriendi)』이 의뢰되었다. 축약되고 삽화가 있는 판본인 『사망술서(Ars moriendi)』는 다음과 같은 내용을 포함하여 (기독교적인) 죽음을 위한 실용적인 템플릿을 제공하였다. 왜 죽음이 불가피한가, 죽음 행위에 관한 질문들, 죽음을 다루기 위한 조언 등. 이러한 책들은 매우 인기가 많았고 유럽의 많은 언어로 번역되었으며, 1651년에 제레미 테일러(Jeremy Taylor)의 시 「성스런 죽음의 법칙과 실천(The Rules and Exercises of Holy Dying)」으로 절정에 달하면서 유사한 문서들의 시리즈가 만들어지기 시작했다.

21세기에 우리는 폭력과 죽음, 현실과 허구의 생생한 영상을 미디어를 통

[그림 9-1] 『사망술서』의 목판 그림

출처: http://userpage.fu-berlin.de/~aeimhof/seelefr.htm

해 일상적으로 접하지만 그럼에도 우리의 죽음에 대한 경험은 말해지지 않고 멀리 떨어져 있다. '선진'국 사람들은 시체에 접촉하는 것은 말할 것도 없고 시체를 실제로 본 사람도 거의 없다. 이는 그들이 텔레비전, 영화, 비디오게임에서 수많은 죽음을 본다는 사실과 첨예한 대조를 이룬다. 한 사람이 18세가 될 때까지 이런 방식으로 수만의 죽음을 보는데, 이러한 죽음의 95% 이상은 폭력과 관계되며 청년과 중년의 어른들에게 영향을 준다. 그러나 현실은 매우 다르다. 영국에서 매년 거의 50만명의 사람이 죽는다. 이들 중 2/3는 75세 이상이며 1/3은 85세 이상이다. 이러한 죽음의 3/4은 만성 질병이나 쇠약으로 인한 것이라는 점에서 '예측 가능한' 것이다(Leadbeater & Garber, 2010). 우리 중 1% 미만의 사람들만이 영화에서 보는 것처럼 총에 맞거나 칼에 찔리거나 폭파되거나 레이저에 잘리거나 흡혈귀에게 피를 빨려 죽을 것이다. 그래서, 대다수의 사람은 죽음의 진짜 원인, 즉 암이나 심혈관 질환, 뇌혈관 질환, 치매 등을 잘 알아차리지 못한다. 더욱이 죽음의 기제는 잘 알려지지 않고 있으며 영화에서 묘사된 것과 공통점이 거의 없다는 것은 확실하다.

삶의 연장인가 아니면 죽음의 지연인가

죽음에는 핵심적인 네 가지 형식이 있다([그림 9-2] 참조). 심장마비나 주요 기관의 내출혈, 사고나 자살 등에 의한 돌연사(뜻밖의 죽음), 암이나 감염에 의한 불치병, 몸의 기관들이 순차적으로 기능을 멈추는 장기부전, 그리고 서서히 기능을 상실하고 자신을 돌볼 능력을 잃어가는 노쇠 이렇게 네 가지 형식이 있다. 처음 두 형식은 나이 든 사람보다 젊은 사람에게 비율적으로 더 많은 영향을 준다. 장기부전은 어떤 연령이든 영향을 줄 수 있으나 우리 대부분이 노화와 고령으로 죽게 되는 것이 현실이다.

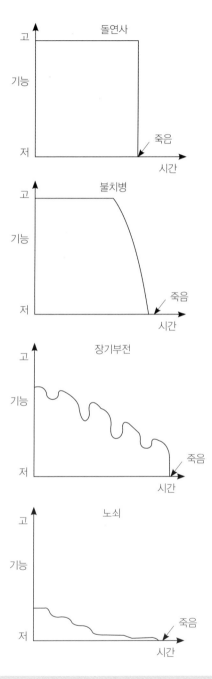

[그림 9–2] 죽음의 형식

오늘날에 우리는 생명연장 중재법과 약물에 대해 많은 이야기를 하고 있다. 그러나 그것이 죽음의 지연을 의미한다고 확신하는가? 실재로 우리의 궁극적인 죽음을 막을 수 있는 것은 아무것도 없다. 우리가 죽을 것이라는 사실을 통제할 수 없다면, 죽음을 맞이하는 양식은 통제할 수 있을까? 의학은 이러한 상황에 주요한 공헌을 해 왔다. 능동적이고 지각 있으며 충만한 삶을 연장하려고 노력하는 것은 존경할 만하지만 한계가 있어야 한다. 다행히 우리는 죽음을 영원히 지연시키거나 유예하지 못한다. 진정한 불멸은 견딜 수 없을 것이다. 그리스 신화에 나오는 트로이의 티토노스[4]와 최근 〈닥터 후(Doctor Who)〉와 그것의 파생드라마인 〈토치우드(Torchwood)〉[5]에 나오는 잭 하크니스는 진정한 불멸로 인해 야기될 수 있는 모든 고통과 괴로움을 경험한다.

아마도 죽음에 대한 최상의 접근은 죽음을 내러티브 용어로, 즉 이야기의 결말로 고려하는 것일 것이다. 이렇게 보면 죽음의 존재가 삶에 대한 진정한 감사를 가능하게 한다.

죽음의 포르노그래피

20세기 서구 사회에서 죽음은 섹스와 출산에 대한 빅토리아 시대적인 금기를 대체했다(Gorer, 1965). 고어(Gorer)는 '포르노그래피'라는 말을 통해 죽음이 만드는 충격, 소란, 사회적 곤혹감을 말하고자 하였다. 오늘날 대부분의

---

4) 역주: 티토노스는 새벽의 여신 에오스의 남편이다. 그러나 에오스는 인간인 남편이 언젠가 죽게 될 것을 걱정하여 제우스에게 그를 불사의 몸으로 만들어 달라고 간청했다. 그러나 죽지만 않을 뿐 노화를 막을 수 없어 결국 매미로 변했다는 이야기가 전해진다.
5) 역주: 〈닥터 후〉는 영국 BBC에서 방영하고 있는 드라마 시리즈인데 〈토치우드〉는 여기서 파생된 스핀드라마이다. 여기서 잭 하크니스는 런던에서 토치우드라는 미해결 사건 조사 경찰대장으로 활약한다.

사람들은 죽음보다 섹스에 대해 훨씬 쉽게 이야기하며 훨씬 직접적으로 노출되어 있다.

죽음에 대해 논하는 것에 대한 우리의 거리낌에는 마술적 사고의 요소가 들어있다. 이는 어떤 사람이 현실의 결과를 상상이나 연결성 없는 사건의 탓으로 돌릴 때를 의미한다(Bolton et al., 2002). 마술적 사고는 어린 아동들에게는 정상적인 발달 단계이지만 많은 어른도 유사한 확신을 가지고 있다(Wooley, 1997; Evans et al., 2002). 보도블록의 깨진 틈 위에 서 있기를 거부하는 유아와 서브를 넣거나 페널티 킥을 차기 전에 특정한 의식을 반복해야만 하는 테니스 선수나 축구 선수 사이에 본질적인 차이는 없다. 죽음에 대해 말하는 것을 거부하는 어른들은 아마도 죽음에 대해 말하면 죽음이 촉진될 수 있다고 믿고 있을 것이다.

죽음에 대한 완곡한 표현들은 정말 많다(〈표 9-1〉 참조). 이것이 죽음에 대한 진정한 '포르노그래피'이다. 완곡한 표현들은 불쾌하고 모호한 현실을 완화시킨다. 우리가 이러한 용어들을 사용할 때 기만과 오해를 일으킬 수도 있다. 중환자실에 있는 누군가가 '더 좋은 곳으로 갔다'고 말하면 그들이 일반외과 병동으로 돌려보내진 것으로 잘못 판단될 수 있다.

죽음의 과정을 기술하는 데 종종 사용되는 전투적인 언어들 또한 충격적이다. 대중적인 사망 기사와 추도문은 말기 질환들과 연관지어 '전투', '싸움', '투쟁'과 '격투' 같은 감정을 자극하는 단어들을 자주 사용한다. 이러한 군대 용어는 친숙한 것이 아니다. 이러한 표현은 정확한가 혹은 적절한가? 죽음은 피할 수 없는 것이기 때문에, 개인적 '전투'는 실패할 운명인 군사 작전에서 벌이는 단지 소규모 접전에서만 이길 수 있을지 모른다. 그렇게 많은 사람이 말기의 상태와 실제로 '싸움'을 하는가? 이것은 혹시 자연적인 과정을 거부하는 그들의 주치의들과 보호자들의 생각을 나타내는 것은 아닌가? 아마도 '전투'는 하나의 상태로서의 죽음보다는 죽음의 과정에 대항하는 것이다.

⟨표 9-1⟩ 죽음에 대한 완곡한 표현(영국에서 흔히 사용되는 용어는 진한 서체를 썼다)

천사가 그들을 데리고 갔다

잠들다

샀다(편도 티켓, 농장을)

마지막 숨을 쉬었다

갈색 빵(brown bread, 런던 토박이의 압운 속어인 듯, bread-dead)

돈을 다 써버린, 체크인(체크아웃)

존재하기를 멈춘

저 지평선의 힐튼 호텔에 체크인하다

천국의 계단을 오르다

꺽꺽거리다(개구리가 개골거리 듯)

고인이 된

떠났다

들어가다(진주 문, 영원한 휴식, 내세, 천국 등으로)

서서히 사라졌다

횃대에서 떨어지다(참고. 몬티 파이튼과 '죽은 앵무새 스케치'[6])

일직선이 되다

영혼을 포기하다

보상(혹은 날개)을 받다

가버렸다(서쪽, 더 나은 곳, 발걸음, 조상을 만나러, 육신을 떠나, 그들을 만드신 분께, 하나님께, 데비 존스의 사물함[7]으로, 행복한 사냥터로, 무덤으로 등)

껑충껑충 도망치다(hopped the twig)

여행의 끝

---

6) 역주: 몬티 파이튼(Monty Python)은 영국의 희극 집단이다. 이들의 가장 영향력 있는 작품인 ⟨몬티 파이튼의 비행 서커스(Monty Python's Flying Circus)⟩는 1969년 10월 5일에 BBC를 통해 중계된 영국 텔레비전 희극 스케치 쇼였다. 45개의 에피소드가 4개의 시리즈를 걸쳐 만들어졌다. '죽은 앵무새 스케치(the Dead Parrot Sketch)'는 가장 유명한 스케치로 에피소드 8에 등장한다. 애완동물가게에서 죽은 앵무새를 팔았다며 항의하러 온 손님과 점원이 실랑이를 벌이는 내용이다.

7) 역주: 바다 밑에는 '데비 존스의 사물함(Davy Jones's locker)'이라는 흑요석으로 만들어진 함이 있으며 바다에 빠져죽은 사람의 영혼이나 난파선의 보물 등은 모두 바다 밑바닥의 이곳으로 가게 된다는 이야기가 있다. 영어 표현 중에 'go to Davy Jones's locker'라는 문장은 '익사하다'라는 뜻을 가진다.

발로 차다(바구니, 깡통)

천국의 문을 두드리다

늙다

떠나다 혹은 잃다(목숨을)

집을 떠나다

만나다(궁극의 끝, 창조주)

통과하다(되돌아 올 수 없는 지점을)

빠져나가다

소멸되다

하프를 연주하다

나막신이 터지다

죽어서 무덤 속에 누워 있다(데이지꽃에 덮여)

휴식을 취하다(평화롭게)

속세의 번뇌에서 벗어나다(〈햄릿〉 제3막)

6피트 아래(무덤의 전통적 깊이)

잠들다(물고기와 함께)

가운데가 잘리다(그들의 줄이)

실질적으로 부정적인 결과

굴복하다

생을 포기하다

종결하다

발가락을 뒤로하고 누워있다

천수를 다하라

널빤지 위를 걷다

집으로 불려가다

연령이 죽음에 대한 태도에 영향을 주는 듯하다(Maxfield et al., 2007). 젊은 이들은 죽음의 가능성을 합리화하고 암묵적으로 거부한다. "나는 젊고, 건강하며, 운동하고, 스타틴(statin)[8]을 먹지 않는다. 그러니 앞으로 수년 동안 죽음에 대해 생각할 필요가 없다." 연령이 증가하면서 죽음에 대한 경험도 증가하며 이에 따라 죽음을 받아들이게 된다.

나이 든 이들은 더 균형감 있고 긍정적이고 덜 공격적인 대처 방법들을 가지고 있는 듯하다(Diehl et al., 1996; Heckhausen & Schulz, 1995). 이는 아마도 그들이 더 높은 수준의 긍정적 정서와 더 낮은 수준의 부정적 정서를 가지고 있어서일 것이다. 나이 든 성인들의 경우 불안과 우울이 적고 만족감이 더 크다는 사실이 이를 반영한다(Mroczek & Kolarz, 1998; Lawton et al., 1993). 그러나 죽음의 수용에 연령과 신체적 건강은 거의 관계가 없을지 모른다. 많은 로마 기념물에 새겨진 에피쿠레아의 비문(Epicurean epitaph)인 [Non fui, fui, non sum, non curo(I was not; I was; I am not; I care not)] "나는 존재하지 않았고, 존재했다. 나는 존재하지 않는다. 나는 상관하지 않는다."는 오늘날에도 때때로 인문주의자의 장례식에서 사용된다. 그러나 많은 사람은 '그 좋은 밤으로 점잖게 가지' 않을 것이며 '불빛이 죽어 가는 것에 대해 격노하고 또 격노할' 것이다(Dylan Thomas).

의료 종사자들이라고 해서 반드시 환자와 그들의 가족보다 죽음에 대해 더 잘 이해하는 것은 아니며 그들에게 조언, 지시 또는 교육을 할 준비가 되어 있지 못한 경우도 많다. 우리는 건강을 회복하고 유지하는 것에 너무나 집중한다. 심지어 의사들조차 많은 경우 죽음에 대한 물리적인 경험과 동떨어져 있다. 의과대학생들은 첫 2년 동안 해부실의 포르말린에 적셔진 시체들과 사체보관실의 최근에 죽은 시체들을 정규적으로 접촉하곤 했다. 지금 의과대학생들은 이런 경험을 하기 힘들다. 그들은 모형으로 해부를 한다. 시체부검은 디지털 이미징 및 3D 컬러프린팅 재현물로 대체되었다. 사지가 해부된 사체를 보거나 다루는 것과 컴퓨터로 생성한 이미지를 보는 것이 연결되고 있지 않다. 죽음은 비디오게임이 되어 버렸다.

---

8) 역주: 혈관 내 콜레스테롤 억제제.

미스 피스켄

　　미스 피스켄은 92세였고 수년 동안 매우 성실한 환자였다. 그녀는 개인 보호 주택에서 혼자 살았고, 심각한 병을 앓은 적도 입원한 적도 없었다. 나는 보건소에서 그녀를 거의 본 적이 없다. 집에 전화해 달라는 요청은 문제가 심각함을 암시했다. 내가 도착했을 때 그녀는 얼굴을 벽 쪽으로 돌리고 침대에 누워 있었다. 그녀의 친구는 한동안 미스 피스켄으로부터 소식이 끊겼고 침대에 누워 있는 그녀를 발견하기까지 여기저기 전화를 했다고 이야기 했다. 또한, 집에는 음식이 하나도 없었다. 미스 피스켄은 꽤 긴장한 듯 보였고, 이전까지는 혼자서 화장실도 다닐 수 있는 상태였다. 그녀의 친구가 나를 오라고 한 것에 대해 매우 걱정했다.

　　나는 그녀의 정신 상태에 급성 증상이나 변화를 발견할 수 없었으나 그녀는 이제 죽을 준비가 되었다고 말했다. 그녀는 자신의 판단이 비합리적이라고 생각하지 않았다. 그녀는 우울하거나 정신병의 어떤 증상도 없었다. 정말로 그녀는 자신이 이제 죽을 때가 되었으며 죽음에 직면해 있다는 판단이 매우 합리적이며 제대로 된 것이라 생각했다. 그녀는 나를 부른 친구를 제외한 그녀의 모든 친구가 죽었다고 말했다. 그녀는 가족도 없었고 그녀가 소유한 것들을 남겨 줄 사람도 없었다. 우리는 그녀가 가진 물건 중에는 몇몇 박물관이 관심을 가질 만한 역사적인 것들이 많았기에 그것들을 어떻게 처리할지에 대해 논의했다. 아무도 그녀가 제정신이 아니라고 비난할 수 없었다. 그녀는 점점 더 쇠약해졌고 그녀의 친구가 방문하기 전에는 한동안 밖에 나가지 않았었다.

　　그리고 그녀는 문자 그대로의 의미만이 아니라 은유적인 의미에서도 얼굴을 벽 쪽으로 돌렸다. 약 열흘 후에 그녀는 침대에서 평화롭게 죽었다. 지역 간호사들이 그녀에게 왕진을 했고 나는 그녀가 치료가 필요하지는 않은지 알아보기 위해 매일 방문했다. 그러나 그녀는 결코 그렇지 않았다. 그녀는 통증이나 갈증을 느끼는 것으로 보이지 않았다. 그녀는 자신이 필요하다고 느끼면 마셨다. 죽은 날 아침까지도 그녀는 잠자는 것처럼 보였다. 나는 그녀의 어깨를 부드럽게 만졌다. 그녀는 눈을 떴고 나를 바라보고 신음소리를 내며 물었다.

　　"선생님. 내가 아직도 여기에 있나요? 이렇게 오래 걸릴 거라고 생각하지 못했어요."

　　나는 대답했다. "솔직히 저도 그랬어요."

학부생들은 나쁜 소식을 연민 어린 마음으로 전하는 방법은 배우지만, 우리는 의학적 돌봄의 한계에 대한 인식을 심어 주지 못하고 죽음의 필연성에 직면하게 한다. 우리에게 현대 의학이 가진 능력의 한계를 인지하고 이점에서 환자에게 도움을 주는 방법을 보여 주는 멘토가 없다면, 죽음을 부정하는 공모를 피하기는 매우 어렵다.

죽음의 질

영국에서 대다수의 죽음은 병원에서 일어난다. 점점 더 정교한 고가의 장비가 환자를 에워싸고 접근을 어렵게 하고 고립시키는 집중치료실이나 중환자실에서 일어난다. 국민건강보험의 재정 악화에 따른 비용 부담은 말할 것도 없고, 거의 60%의 국민이 병원에서 죽는 것을 두려워하고 있다는 사실에도 불구하고 그러하다. 의료 기술은 의료진에게 갑옷을 제공하지만 (환자의) 가족들을 배제시키거나 위협하기조차 한다. 우리 중 2/3는 집에서 죽기를 원하는데도 왜 그렇게 많은 사람이 병원에서 죽는 것일까? 죽음은 공포를 만든다. 우리가 가장 두려워하는 것은 '우리가 죽어 가고 있다는 말을 듣는 것'(71%는 매우 무서워한다.), '혼자 죽어 가는 것'(65%), '친한 친구 또는 가족 구성원이 죽어 가는 것'(79%) 그리고 '고통스럽게 죽어 가는 것'(80%)이다 (Department of Health, 2012; ComRes, 2014).

대부분의 사람은 급성 심정지, 뇌혈관의 질환이나 외상 등에서 오는 돌연사나 '잠들었을 때 죽는 것'을 선호할 것이다. 이런 죽음은 통증이나 고통은 피할 수 있을지 몰라도 당사자가 이미 가족과 친구들에게 하고 싶은 말을 다 했고, 재정 관련 사항들에 대해 모두 정리해 놓았고, 장례에 대해 미리 계획을 세워 놓았으며, 죽음 자체에 대해 완전히 준비된 경우에만 모두를 위한 최선이 될 수 있다. 그러나 우리 중 소수만이 오늘이 마지막인 것처럼 매일을 산다. 환자협회(Patients Association)와 영국노년기구(Age UK) 같은 조직이 노후 준비에 유용한 템플릿과 좋은 조언을 제공하고 있음에도 불구하고 소수의 사람만이 사전의료의향서나 사망선택유언을 작성한다(www.patients-association.org.uk; www.ageuk.org.uk).

최근 들어, 『BMJ』[9]의 전 편집자였던 리처드 스미스(Richard Smith)가 「암으로 죽는 것이 최상의 죽음이다(Dying of cancer is the best death)」라는 제목의 글을 블로그에 실었다. 놀랄 것도 없이, 이 제목에 독자들은 많은 분노와 불편한 반응들을 보였다. 그중 대부분은 일반 대중이었다. 가장 소리 높여 반응하는 사람들은 암 환자들 혹은 암으로 죽은 사람들의 친지들이었다. 이들의 글들을 읽는 것은 도움이 된다. 많은 경우 엘리자베스 퀴블러 로스(Elizabeth Kübler-Ross)에 의해 최초로 부각된 반응들, 즉 부정, 분노, 타협, 우울, 수용 중 하나 이상이 포함되었다(Kübler-Ross, 2014). 글의 공통된 기본 가닥은 글쓴이들이 '나쁜' 죽음의 요소들 중 일부 또는 전부를 경험했다는 것이었다. 아동이나 젊은이들의 참을 수 없고 통제할 수 없는 통증과 암으로 인한 죽음이 특히 강조되었다. 그러나 스미스의 요점이 오해를 받은 것이다. 그의 진정한 메시지는 종종 암 진단이 환자와 그의 가족에게 시간을 준다는 것이었다. 이 기간의 지속 시간과는 상관없이 이것은 어느 정도의 준비와 '좋은 죽음'의 요소들 중 일부(전부를 희망하지만)를 성취하는 것을 허용할 수 있다. 이와 대조적으로, 갑작스럽고 기대하지 않았던 죽음은 환자 특히 그 가족들에게 이러한 시간을 빼앗아 버린다.

---

9) 역주: 영국의학협회(British Medical Association)에서 발행하는 학술잡지, 『BMJ』(Clinical research ed.).

〈표 9-2〉

'나쁜' 죽음의 요소	'좋은' 죽음의 요소

• 통제 불가능하거나 심각한 통증
• 통제 불가능한 증상들. 예를 들어
  구토, 호흡곤란, 변비
• 외로움
• 낙인찍힌 상태. 예를 들어 HIV
• 존엄과 사생활의 상실
• 준비되지 않고 해결되지 않은 문제
	• 원하는 사람들(가족, 친구들)과 함께 있는
	• 고통 없는
	• 존엄을 지키는
	• 오래 끌지 않는
	• 통제력을 가진
	• 고유하고 총체적 개인으로 지각되는
	• 죽음이 준비된(죽기를 바라는 장소, 장례
	  준비, 어떻게 치료를 받을 것인가 등)
	• '적절한' 시간에 죽기
	• 마무리(믿음의 문제, 갈등의 해결)
	• 다른 사람에게 공헌할 수 있는 능력. 예를
	  들어, 선물, 정보, 시간

출처: Smith (2000); Explain Market Research for NHS Public Health North East (2010); Costello (2006); Steinhauser et al. (2000).

증상을 다스리는 것은 죽어가는 사람을 돌보는 일의 한 부분일 뿐이다. '좋은' 죽음을 성취하려면 시간에 대한 예측이 필요하다. 진단을 할 때, 환자와 그의 가족들은 공통적으로 죽기 전까지 남아 있는 시간에 대한 정확한 예측을 요구한다. 이것은 엄청나게 어려운 것이며 대부분의 의사들은 이러한 논의가 부정확하게 되는 것으로 인한 곤란을 경험한 적이 있다. 사망 시기에 대한 과대평가는 환자와 그 가족들이 기만당했거나 속았다고 느끼게 할 수 있다. 과소평가는 진단의 정확성과 의료진의 능력에 대한 의문을 불러일으킨다. 어느 쪽이든, 관계의 상호 신뢰의 일부는 상실된다.

글상자 9-3 어쿼트 씨

어쿼트 씨는 수년 동안 아프리카에 거주하며 일했다. 그에게 직장암이 발병했고 그곳에 있는 동안 수술을 받았다. 그는 아내와 영국으로 돌아왔고 구 시가지에 있는 가파른 돌계단의 4층 꼭대기에 있는 아파트를 샀다. 거기에는 승강기가 없었다. 그들은 암이 전이되기 전까지 몇 년이 더 남아 있기를 바랐기 때문에 그들의 계획에 대해 터놓고 논의를 하였다. 그러나 그렇게 되지 않았다.

그는 뼈의 2차 전이로 극심한 고통을 겪었으며 골반의 국부적 침입과 움직이지 못하는 것이 빠르게 문제시되었다. 그와 아내는 집에서 죽음을 맞이하길 바랐다. 그들은 대단한 인내심과 훌륭한 개방성으로 변화된 환경들을 견뎌 냈다. 그는 결코 불평하지 않았으나 진통제가 '잘 듣지 않는다'고 짧게 말했다. 지역 호스피스의 참여와 그들의 전문성에도 불구하고 그의 통증을 억제하는 데 효과가 있었던 유일한 것은 모르핀 피하 주사였다. 나는 그때 임신 중이어서 매일을 왕진가방을 들고 숨이 차서 계단 꼭대기에 도착하곤 했다. 그의 (힘든) 상황에도 불구하고, 그들은 나의 안녕을 염려했다. 이것이 그들의 상황으로부터 주의를 돌리기 위한 방법이었을까? 아마도, 그러나 그들은 결코 피하지 않고 어떤 일이 일어나고 있는지 의논했고 그것에 대해 잘 준비했다.

최선의 노력을 했음에도 통증을 멈추는 것은 결코 완전한 성공을 거두지 못했다. 나는 모든 증상을 통제한다는 약속은 절대 하면 안 된다고 배웠다. 많은 사람은 단지 죽음만 두려워하는 것이 아니라 죽어 가는 과정 자체를 두려워하고, 몇몇 사람에게는 그것이 주된 공포가 될 수 있다. 그의 아내는 나의 환자로 남았으며 종종 나에게 그녀의 최근 해외여행의 기념품을 가져오곤 했다. 나는 그들의 가족 이야기의 일부가 되었다.

글상자 9-4 제임스

제임스는 그래식 기번(Grassic Gibbon)의 스코틀랜드 고전 소설 『저녁노을의 노래(Sunset Song)』의 주인공일 수도 있었다. 그는 농부의 아들이었고 생존한 가족이 없었다. 그는 그의 개를 위해 살았다. 그는 발작(seizures)와 두통을 호소하였다. 스캔을 보면, 우성 반구의 전두엽(the dominant frontal lobe)에 교모세포종(glioblastoma)을 분명하게 시사하는 공간점유성 병변(space-occupying lesion)이 있었다.

감량수술과 방사선치료를 받은 후에 그는 상당한 차도를 보였다. 조직검사의 결과는 전형적이었고 악성 교모세포종이 확인되었다. 월간 증례 검토에서, 외과 의사, 병리학자, 방사선치료사, 종양학자들은 모두 약 18개월 정도의 생존 기간이 남아 있다는 것에 동의했다. 암은 예상한 시기에 재발했고 후속 수술을 받았다. 스테로이드와 모르핀이 두통에 도움이 되었지만 제임스와의 논의 후에 투약을 '중지'하기로 하였다. 그는 '그의 개와 함께 지내는 집에서' 죽기를 원했다. 나는 그 지역의 간호나 완화의료에 대한 조언을 구하기 위해 제임스가 사는 지역의 일반의에게 전화를 했다. 그 의사는 작은 시골 마을에서 살고있었고 거기에는 이용 가능한 서비스가 거의 없다고 말했다. "그가 얼마나 살 수 있나요?" 그가 물었다. 나는 길어야 몇 주간이라고 생각했다. 지역 일반의는 "우리 집에 여분의 방이 하나 있어요. 몇 주 동안만이라면 우리가 그와 그의 개를 돌볼게요."라고 말했다. 그의 아내는 전직 간호사였고 그 계획에 찬성했다. '성인군자가 따로 없네!' 나는 생각했다.

10년 후에도 지미와 그의 개는 여전히 그의 주치의 가족의 일원이었다. 스캔과 조직검사는 반복해서 별도로 받았고, 다른 센터로 보낸 슬라이드에서도 동일한 진단과 예후에 관한 의견을 들었다.

제임스는 의사의 집에서 15년 후에 죽었다. 그의 무덤은 조용한 절벽 꼭대기에 있다. 비석과 비문은 주치의 가족들이 만들었다.

글상자 9-5 '위험한' 혹

전공의가 환자에게 내가 그녀의 사타구니에 있는 혹을 진찰해도 되는지 허락을 구한 후 나에게 앞쪽으로 오도록 손짓했다. 그 환자는 바깥세상과는 단절된 곳(수녀원)에서 온 나이가 많고 불평 없는 쾌활한 수녀였다. 그녀는 '학생도 배우기 위해서 연습이 필요하다'는 것에 동의했다. 그 혹은 직경 2cm 정도가 되었고 딱딱하고 울퉁불퉁하고 고정되어 있어, 경험이 없는 의대생이 본다고 해도 그 성격을 분명하게 알 수 있었다.

"동의하신다면 혹을 제거하고 그것이 무엇인지 살펴봐야 할 것 같습니다."라고 수련의가 말했다. 신속하게 생검 날짜가 정해졌다.

"왜 그녀에게 그것이 무엇인지 확실히 말해주지 않았나요?" 나는 학부 학생들이 가지는 환자에 대한 솔직함과 정직함에 대한 개념으로 가득 차서 커피를 마시며 물었다. "지금 그런다고 무슨 도움이 되겠나요?" 수련의가 대답했다. "먼저 생검 결과를 기다려 봅시다."

나는 이틀 후에 시술을 참관하기 위해 수술장으로 갔다. 수련의는 섬유질 조직 덩어리를 능숙하게 박리해서 강낭콩 모양의 접시에 담았고 상처를 봉합했다. 그는 그 표본을 병리학 용기에 넣기 전에 조심스럽게 그 혹을 절개했다. 메스가 그 덩어리 안에서 걸려 멈추었다. 그가 섬유 조직을 더 작게 다시 절개하자 둔탁한 금속 조각이 드러났다.

오후에 수술후–병동을 회진할 때 우리는 노수녀의 병실에 멈추었다. 그녀는 차를 마시며 앉아 있었고 같은 방 환자들에게 지대한 관심을 보이고 있었다.

"전에 수술을 받아 보신 적이 있나요?" 수련의가 물었다.

"사실 그렇다고 말할 수는 없어요." 그녀가 대답했다.

"사실 그렇지 않다니요? 그게 무슨 뜻이지요?"

"그러니까 1940년에 하지정맥류(varicose vein) 수술을 받으러 갔어요. 그런데 그때가 블리츠(Blitz)[10]가 진행되는 동안이었고 병원과 수술실이 폭격당했기 때문에 수술을 중단해야만 했어요. 그 후 너무 많은 사람이 심하게 부상을 당했고 병원을 필요로 했기 때문에 나는 하지정맥류로 괴로운 것 정도는 너무 하찮은 것이라고 생각했어요."

수련의는 나를 의미심장하게 바라보았으며 수녀에게 미소를 지었다.

"이 혹에 대해서는 전혀 걱정할 필요가 없어요. 공습으로 혼란스러웠을 때, 그들이 정맥 스트리퍼(a vein stripper)라고 불리는 작은 도구를 안에 남겨 두었음에 틀림없어요. 시간이 지나면서 섬유조직이 그 주위를 감싸며 자라서 튀어나온 거예요. 이제 다 제거되었어요."

"오!" 그녀는 기쁨의 탄성을 질렀다. "내 생각엔 이것을 '수녀와 스트리퍼'의 사례라고 말해도 될 거 같아요."

---

10) 역주: 1940년 독일에 의한 영국 대공습.

암 사례의 1/3에서, '전문가들'조차 유의미한 실수를 한다. '유의미한' 실수는 실제 생존 시간의 절반 또는 두 배 이상으로 임상적 예측을 하는 것으로 정의된다. 심부전, 만성 폐질환 또는 간질환과 같은 다른 말기 질환의 경우 정확한 예측은 훨씬 더 어렵다. 완화 또는 호스피스 관리의 필요성과 시기에 관한 결정이 필요할 때면 상황이 악화된다. 완화예후점수(Palliative Prognostic score: PaP), 완화예후지수(Palliative Prognostic Index: PPI), 생존예측점수(Survival Prediction Score: SPS)와 같은 다변량분석을 포함한 다양한 예측 도구를 사용할 수 있지만 완벽한 것은 아니다. 이것들을 모집단에 적용할 때는 도움이 되지만 개별 환자에 대해서는 그 정도가 덜 하다. 특히 노인 환자와 같이 동반 질환(예를 들면, 만성 폐질환 또는 혈관 질환)이 수반될 가능성이 높은 경우에는 더욱 그러하다(Chow et al., 2001; Brandt et al., 2006; Maltoni et al., 2005; Pocock et al., 2013).

의사가 자신이 '치료에 실패했다'고 느끼는 환자에 대한 돌봄과 책임을 양도하는 것에 대해 불편하게 생각한다면 이 모든 논의가 복잡하게 된다. 대화 방법과 시기에 상관없이 사실은 정확하게 전달되어야 한다. 질병의 시간에 따른 추이를 살피는 것이 매우 도움이 되지만 불완전한 정보로 이러한 논의를 하는 것은 불가피하게 문제를 일으킬 것이다(예: 〈글상자 9-5〉 참조).

내러티브와 '좋은' 죽음

말기 질환의 진단과 예후에 대해 환자와 논의하거나 가족들에게 환자의 갑작스러운 사망을 알리는 것은 의사들이 경험하는 가장 어려운 의사소통 과제일 것이다. 몇몇 장애물로는, 진단 또는 예후의 불확실성, 의사의 실패의식, 의사소통 훈련의 부족 등이 있다(Finlay & Casarett, 2009).

의사는 환자, 가족 게다가 자기 자신에게 가해지는 정서적인 충격을 다루는 경험이 부족하거나 불완전한 전략들을 가지고 있을 수 있다. 가까이 있는 티슈 박스는 유용하지만 충분한 것은 아니다. 시간적 헌신이 상당히 필요할 수 있다. 이야기의 속도를 함께하는 사람의 요구에 맞추는 것이 매우 중요하다. 여러 날 혹은 여러 주에 걸친 여러 번의 시간이 필요할 것이다. 마지막으로, 당신의 문화적·개인적·종교적 신념이 환자나 가족들의 믿음에 끼어들어서는 안 된다. 이것은 5장에서 논의한 배우와 연기자 기법의 핵심이다. 배우는 그들이 깊이 동의하지 않는 부분을 연기하거나 대사를 읊을 수 있지만, 그럼에도 관객들은 암묵적으로 그 말을 믿어야 한다. 유사하게, 음악가의 면모는 적어도 연주 시간 동안만큼은 그들 자신의 감정이 드러나지 않도록 막아야 한다.

이러한 논의의 수행을 위한 유용한 틀이 SPIKES 프로토콜이다.

장면 (Setting)	프라이버시, 방해받지 않음, 충분한 시간을 보장하라. 누가 참석해야 하는가? 실험/스캔 데이터 등 필요한 모든 정보를 얻었는가?
지각 (Perception)	환자가 그들의 질병과 현재 상황에 대해 어떻게 이해하고 있는가?
정보 (Information)	환자는 어떤 형태로, 어느 정도까지 정보를 받고자 하는가?
지식 (Knowledge)	명확하고 천천히, 은어를 사용하지 않고, 환자의 능력과 선호에 적절하게 정보를 제공하라.
공감 (Empathy)	환자의 감정을 인정하라.
요약 (Summarise)	그들의 이해를 재검토하라. 그들의 목표는 무엇인가? 후속 관찰과 정기적 만남을 위한 계획을 수립하라.

(Finlay & Casarett, 2009에서 인용)

종종 간과되는 구성 요소는 환자가 자신만의 이야기를 가지고 있다는 사실이다. 말기 진단이나 죽음에 대한 논의는 "일상의 활동, 정체성, 미래에 대한 상상을 방해하여 삶의 내러티브의 일관성을 흔든다."(Romanoff & Thomson, 2006) 어떤 이들에게, 특히 나이 든 사람들에게는 삶을 되돌아보고 재평가해야 할 필요가 있을 것이다. 여기서 우리의 과제 중 하나는 이야기하는 사람이 자신의 이야기를 할 수 있도록 하는 것이다. 이야기의 사실적 정확성과 일관성보다는 그들이 자신의 이야기를 구성하고 서로 나눌 수 있는 것이 더 중요하다.

모든 참여자가 제공한 정보의 정확성을 어떻게 개선할 수 있는가? 한 가지 방법은 논의 상황을 녹화하여 나중에 이해를 증진시키기 위해 그 메시지를 재생하는 것이다. 이러한 일은 스마트폰과 미니 리코더로 간단히 할 수 있다. 비록 논란의 여지가 있지만, 상담을 녹화하는 것(말기 질환 상황에서는 꼭 그렇게 하지는 않는다.)에 대한 고찰 연구는 환자들이 이러한 기록을 소중하게 여겼으며, 이것이 환자의 이해를 향상시켰고 가족들이 정보를 공유할 수 있도록 해 주었음을 밝혔다(Elwyn, 2015; Tsulukidze et al., 2014).

전자매체의 가치 또한 종종 간과되는데, 환자는 이러한 처리에서 우리보다 앞서 있다. 사회적 매체에 대한 접근성은 환자가 즉각적으로 정보를 찾거나 공유할 수 있다는 것을 의미한다. 일반적인 질환이나 희귀질환 환자들 또는 최근 유가족의 블로그를 읽는 것은 감정을 누그러뜨리게 한다. 그러나 이러한 솔직한 정보 교환은 종종 의사와 환자 사이의 대면 논의를 곤란하게 한다. 우리는 이러한 매체의 발전에 위협을 느끼기보다는 왜 우리 환자들 중 일부가 비탄에 빠진 솔직함을 온라인에 표현하고 적절하게 반응할 수 있는지 이해할 필요가 있다. 종종 시간 제한이나 단순히 당시의 거리낌 때문에 진로면담에서 다루어질 수 없었던 많은 질문이 소셜 미디어 채널을 통해 쉽게 답해질 수 있다. 실제로 더 사려 깊고 진심으로 지지적인 대답들이 주어질 수 있으며, 이러한 대답은 두 참여자 모두 읽고 또 읽곤 한다.

현대 사회에서 죽음은 위생처리가 된 주제, 금기가 된 주제이다. 우리 모두가 우리 이야기를 할 수 있도록 우리는 그것을 되찾아야 한다. 호주 출신의 중환자 전문치료사 피터 사울(Peter Saul)은 우리 모두 죽음과 관련된 계획을 세우자고 권한다. '어디'에서, '어떤' 도움을 받고 싶은지, '누가' 우리 계획이 반드시 실행되도록 도와줄 것인지에 대해 충분히 생각해 보자고 권한다. 우리의 의견을 대변할 사람이 누구이든, 가족이든 친구이든 동료이든, 그들은 시간이 필요할 것이고 가까이 있어야 할 것이며 급한 상황에서도 행동할 수 있는 능력이 있어야 할 것이다. 우리 모두가 생각해 보아야 할 질문은 바로 이것이다. 만약 우리 스스로 말할 수 없게 되고 우리가 바라는 바를 나타낼 수 없게 되었을 때, 누가 우리가 원하는 것을 알고 그것을 적절하게 소통해 줄 수 있을 것인가?

글상자 9-6 숙고를 위한 도구

- www.open.edu/openlearn/education/learning-teach-becoming-reflective-practitioner/content-section-6
- www.gponline.com/developing-reflective-writing-skills-part-one/article/1137992
- www.westlakesgptraining.org.uk/pdfs/Reflective%20writing%20guide%20HENE.pdf

---

글상자 9-7

나는 인생을 책과 같은 존재로 보는 것이 도움이 된다고 생각한다. 책이 앞표지와 뒷표지로 묶여있고 시작과 끝으로 감싸져 있듯이, 우리의 삶도 탄생과 죽음에 의해 감싸져 있다. 그리고 한 권의 책이 시작과 끝이 있는 것으로 한정된다 할지라도 그것은 먼 곳의 풍경과 이국적인 모습과 환상적인 모험들을 포함할 수 있다. 또한 한 권의 책이 시작과 끝으로 한정된다 할지라도 책 속의 등장인물들은 어떠한 한계도 모른다. 그들은 그 책이 끝났을 때조차도 그들 이야기를 구성하는 그 순간만을 안다. 그래서 책의 등장인물들은 마지막 페이지에 도달하는 것을 두려워하지 않는다. 롱 존 실버(Long John Silver)는 당신이 가지고 있는 『보물섬(Treasure Island)』 읽기를 끝내는 것을 두려워하지 않는다. 우리도 그러하다. 당신의 삶의 책을, 그 표지들과 시작과 끝과 당신의 탄생과 죽음을 상상해 보라. 당신은 오직 탄생과 죽음 사이의 순간들, 당신의 삶을 구성하는 순간들만을 알 수 있을 것이다. 탄생 전이든 죽음 후이든 그 범위 밖의 것을 두려워한다는 것은 아무 의미가 없다. 그 책이 얼마나 긴지, 그것이 만화인지 또는 서사시인지를 걱정할 필요가 없다. 중요한 것은 당신이 그것을 좋은 이야기로 만드는 것이다.

스티븐 케이브(Stephen Cave)

우리는 죽음을 자연스러운 과정으로 다시 받아 들이고 현재 머물러 있는 의학화된 세계로부터 분리시킬 필요가 있다. 오래 사는 것이 점점 더 젊어지는 것이 아니라 점점 더 나이를 먹는 것을 의미함을 기억할 필요가 있다. 우리는 다른 학문과 문화들로부터 많은 것을 배울 수 있다. 우리가 우리 자신의 죽음을 부정할 수도 있고 직면하지 못할 수도 있지만, 피할 수 없는 진실이 있다. 즉 큰 의미에서의 삶은 계속된다. 우리는 태어나서 살다 죽지만 다른 사람들, 즉 가족, 친구, 동료들은 계속 살아 있을 것이다. 우리가 느끼는 것은 이전에 수많은 세대가 경험해 온 것이다. 하지만 과학이 모든 것을 고칠 수 있다는 우리의 믿음과 명백한 기술적 정교함 때문에, 죽음에 대처하는 현대적 기제는 덜 발달되어 있는 것으로 보인다. 초기 그리스의 철학자들은 평정(ataraxia)의 필요성을 강조했다. 평정은 상실과 외상의 상황에서도 유지되어야 할 균형을 말한다. 사별과 외상 분야의 연구자인 조지 보나노(George

Bonanno)가 강조했듯이 우리는 궁극적으로 회복력이 있다. 만약 우리의 삶이 우리의 이야기라면, 우리의 죽음도 이야기의 일부로 보아야 한다. 어떤 이에게 죽음은 책의 결말을 의미하고 다른 이에게는 한 장의 결론을 의미할 것이다. 어떻게 보든 그 이야기는 말해질 수 있고 말해져야 한다—가능하다면 웃음과 연민으로. 웃음과 연민을 가지고 그 이야기를 보고 들을 수 있어야 한다.

아무도 삶이 무엇인지를 알아내지 못하며, 그것은 중요하지도 않다. 세상을 탐험하라. 당신이 충분히 깊게 들여다볼 수 있다면 거의 모든 것이 진정 흥미롭다. …… 우리가 도달할 수 있는 가장 숭고한 형태의 이해는 웃음과 인간에 대한 연민이다.

리처드 파인먼(Richard Feynman)

• 참고문헌과 추천문헌 •

Bolton D, Dearsley P, Madronal-Luque R et al. Magical thinking in childhood and adolescence: development and relation to obsessive compulsion. *Br J Dev Psychol.* 2002; 20: 479-94.

Brandt HEI, Ooms ME, Ribbe MW et al. Predicted survival vs. actual survival in terminally ill noncancer patients in Dutch nursing homes. *J Pain Symptom Manage.* 2006; 32: 560-6.

Cave S. *The 4 Stories We Tell Ourselves about Death.* Talk presented at TEDxBratislava, July 2013. Available at: www.ted.com/talks/stephen_cave_the_4_stories_we_tell_ourselves_about_death?language (accessed 15 February 2016).

Chow E, Harth T, Hruby G et al. How accurate are physicians' clinical predictions of survival and the available prognostic tools in estimating survival times in terminally ill cancer patients? A systematic review. *Clin Oncol (R Coll Radiol)*. 2001; 13: 209–18.

ComRes. *NCPC: dying matters* [tabled survey results]. 2014. Available at: www.comres.co.uk/wp-content/themes/comres/poll/NCPC_Dying_Matters_Data_table.pdf (accessed 15 February 2016).

Costello J. Dying well: nurses' experiences of 'good and bad' deaths in hospital. *J Adv Nurs*. 2006; 54: 594–601.

De Jong JD, Clarke LE. What is a good death? Stories from palliative care. *J Palliat Care*. 2009; 25: 61–7.

Department of Health. *First national VOICES Survey of Bereaved People: key findings report*. London: Department of Health; 2012. Available at: www.gov.uk/government/uploads/system/uploads/attachment_data/file/216894/First-national-VOICES-survey-of-bereaved-people-key-findings-report-final.pdf (accessed 16 April 2016).

Diehl M, Coyle N, Labouvie-Vief G. Age and sex differences in strategies of coping and defense across the life span. *Psychol Aging*. 1996; 11: 127–39.

Elwyn G. Should doctors encourage patients to record consultations? *BMJ*. 2015; 350: g7645.

Evans DW, Milanak ME, Medeiros B et al. Magical beliefs and rituals in young children. *Child Psychiatry Hum Dev*. 2002; 33: 43–58.

Explain Market Research for NHS Public Health North East. *A Good Death. Time to think: 'A Good Death' consultation full research findings*. NHS Public Health North East; 2010. Available at: www.phine.org.uk/uploads/doc/vid_8535_Full%20report%20with%20all%20appendices.pdf (accessed 15 February 2016).

Finlay E, Casarett D. Making difficult discussions easier: using prognosis to facilitate transitions to hospice. *CA Cancer J Clin*. 2009; 59: 250–63.

Gorer G. The pornography of death. In: *Death, Grief and Mourning in*

Contemporary Britain. London: Cresset; 1965.

Heckhausen J, Schulz R. A life-span theory of control. *Psychol Rev.* 1995; 102: 284-304.

Kübler-Ross E. *On Death and Dying: what the dying have to teach doctors, nurses, clergy and their own families.* Foreword by Byock I. New York, NY: Scribner; 2014.

Lawton MP, Kleban MH, Dean J. Affect and age: cross-sectional comparisons of structure and prevalence. *Psychol Aging.* 1993; 8: 165-75.

Leadbeater C, Garber J. *Dying for Change.* London: Demos; 2010.

Maltoni MI, Caraceni A, Brunelli C *et al.* Prognostic factors in advanced cancer patients: evidence-based clinical recommendations – a study by the Steering Committee of the European Association for Palliative Care. *J Clin Oncol.* 2005; 23(25): 6240-8.

Maxfield M, Kluck B, Greenberg J *et al.* Age-related differences in responses to thoughts of one's own death: mortality salience and judgments of moral transgressions. *Psychol Aging.* 2007; 22: 341-53.

Mroczek DK, Kolarz CM. The effect of age on positive and negative affect: a developmental perspective on happiness. *J Pers Soc Psychol.* 1998; 75: 1333-49.

Pocock SJ, Ariti CA, McMurray JJV *et al.* Meta-Analysis Global Group in Chronic Heart Failure Predicting survival in heart failure: a risk score based on 39372 patients from 30 studies. *Eur Heart J.* 2013; 34: 1404-13.

Pullman P. *The Amber Spyglass.* London: Scholastic, David Fickling Books; 2002.

Romanoff BD, Thomson BE. Meaning construction in palliative care: the use of narrative, ritual, and the expressive arts. *Am J Hosp Palliat Care.* 2006; 23: 309-16.

Smith R. A good death: an important aim for health services and for us all. *BMJ.* 2000; 320: 129-30.

Smith R. Dying of cancer is the best death. *BMJ Blogs.* 31 December 2014. Available at: http://blogs.bmj.com/bmj/2014/12/3l/richard-smith-dying-of-cancer-is-the-best-death/ (accessed 15 February 2016).

Steinhauser KE, Clipp EC, McNeilly M *et al.* In search of a good death: observations of patients, families, and providers. *Ann Intern Med.* 2000; 132: 825-32.

Tsulukidze M, Durand M-A, Barr PJ *et al.* Providing recording of clinical consultations to patients-a highly valued but underutilized intervention: a scoping review. *Patient Educ Couns.* 2014; 95: 297-304.

Wollstonecraft M. *Letters Written During a Short Residence in Sweden, Norway, and Denmark.* London: Joseph Johnson; 1796.

Woolley JD. Thinking about fantasy: are children fundamentally different thinkers and believers from adults? *Child Dev.* 1997; 68: 991-1011.

찾아보기

내용

편저자 소개

Colin Robertson

BA (Hons) MBChB MRCP(UK) FRCPGlas FRCS Ed FSA Scot

Honorary Professor of Accident and Emergency Medicine and Surgery

University of Edinburgh, UK

Gareth Clegg

BSc (Hons) MBChB PhD MRCP(UK) FRCEM

Senior Clinical Lecturer

University of Edinburgh, UK

and

Honorary Consultant in Emergency Medicine

Royal Infirmary, Edinburgh, UK

저자 소개

Gareth Clegg

BSc (Hons) MBChB PhD MRCP(UK) FRCEM

Senior Clinical Lecturer

University of Edinburgh

and

Honorary Consultant in Emergency Medicine

Royal Infirmary, Edinburgh

James Huntley

MA MCh DPhil FRCPE FRCSGlas FRCS Ed (Tr & Orth)

Senior Attending Physician

Paediatric Orthopaedic Surgeon

Director of Research

Department of Surgery

Sidra Medical and Research Center

Doha, Qatar

Allan Cumming

BSc (Hons) MBChB MD FRCPEd

Professor of Medical Education

Dean of Students

College of Medicine and Veterinary Medicine

University of Edinburg

Jacques Kerr

BSc MBBS FRCSG FRCEM FRCPEd MDra

Consultant in Emergency Medicine

Royal Victoria Infirmary

Newcastle

Graham Easton

FRCGP MSc MEd SFHEA

Programme Director

Imperial GP Specialty Training

Department of Public Health and Primary Care

3rd Floor Reynolds Building

Charing Cross Campus

Imperial College London

Fiona Nicol

BSc (Hons) MBBS FRCGP FRCPE

Formerly GP Principal and Trainer

Stockbridge Health Centre

Edinburgh

Honorary Clinical Senior Lecturer

University of Edinburgh

Sarah Richardson

MBChB MRCEM

Specialist Trainee in Emergency Medicine

Edinburgh

Colin Robertson

BA (Hons) MBChB MRCP(UK) FRCPGlas FRCS Ed FSA Scot

Honorary Professor of Accident and Emergency Medicine and Surgery

University of Edinburgh

역자 소개

김민화(Kim, Min Hwa)
성균관대학교에서 아동심리학과 아동발달심리 전공으로 학사, 석사, 박사 학위를 받았다. 현재 신한대학교 유아교육과 교수로 재직 중이며 한국독서치료학회장을 거쳐 한국이야기치료학회장을 맡고 있다.
서울대학교병원 소아정신과에서 임상심리전문가 수련을 마치고 성균관대학교 아동학과 연구교수, 서울대학교 심리과학연구소 책임연구원으로 일했다. 어린이 책을 기획하고 집필하면서 이야기가 가진 치유의 힘에 관심을 갖기 시작했으며 독서치료전문가와 내러티브상담전문가, 작가로도 일하고 있다. 내러티브치료와 관련하여『허클베리 핀 길들이기』(이너북스, 2008)를 번역하였고『발달적 독서치료의 실제』(공저, 학지사, 2008)를 썼다. 또한「포토에세이 창작을 통한 대학생들의 자기 인식 변화」(2015) 연구와 같이 표현예술이 통합된 치유적 내러티브 수집에 관심을 두고 있다.

이경란(Lee, Kyung Ran)

이화여자대학교에서 영어영문학 전공으로 학사, 석사, 박사 학위를 받았다. 한국독서치료학회 학술위원장을 역임했고, 현재 이화여자대학교 이화인문과학원 연구교수로 재직 중이다. 영미문학을 중심으로 여성, 젠더, 소수자, 포스트식민주의, 포스트휴머니즘 등에 관련된 연구를 진행해 왔으며, 최근에는 지금 우리 시대에 문학이 어떤 치유적 기능을 할 수 있을지에 관심을 두고 연구, 강연, 번역 작업을 시도해 보고 있다. 저서로는 『젠더와 문학: 19세기 미국여성문학 연구』(LIE, 2010), 『미국 이민소설의 초국가적 역동성』(공저, 이화여자대학교출판부, 2011) 등이 있고, 역서로는 『포스트휴먼』(아카넷, 2015), 『나의 어머니는 컴퓨터였다』(공역, 아카넷, 2016) 등이 있다.

김경옥(Kim, Kyoung Ok)

서울대학교 의과대학에서 학사, 석사, 박사 학위를 받았다. 현재 동국대학교 일산병원 마취통증의학과 교수로 재직 중이며 동국대학교 의과대학 의료인문학교실 겸임교수, 의과대학교육부학장을 맡고 있다.

서울대학교 소아병원 마취통증의학과 전임의와 촉탁의, 서울대학교 분당병원 마취통증의학과 임상조교수, 동국대학교 일산병원 마취통증의학과 조교수와 부교수를 역임했다. SOAS, UK 방문교수로 활동하면서 의과대학에서의 인문학교육에 대해 더욱 큰 관심을 가지게 되었으며, 최근 'Narrative Medicine'의 의과대학교육실천에 초점을 두고 있다.

내러티브 메디슨:
병원에서의 스토리텔링
Storytelling in Medicine:
How narrative can improve practice

2019년 2월 25일 1판 1쇄 인쇄
2019년 2월 28일 1판 1쇄 발행

엮은이 • Colin Robertson · Gareth Clegg
옮긴이 • 김민화 · 이경란 · 김경옥
펴낸이 • 김진환
펴낸곳 • ㈜ 학 지사
　　　　　　04031 서울특별시 마포구 양화로 15길 20 마인드월드빌딩
대표전화 • 02-330-5114　　팩스 • 02-324-2345
등록번호 • 제313-2006-000265호

홈페이지 • http://www.hakjisa.co.kr
페이스북 • https://www.facebook.com/hakjisa

ISBN 978-89-997-1775-8　93180

정가 15,000원

이 도서의 국립중앙도서관 출판시도서목록(CIP)은 서지정보유통지
원시스템 홈페이지(http://seoji.nl.go.kr)와 국가자료공동목록시스템
(http://www.nl.go.kr/kolisnet)에서 이용하실 수 있습니다.
(CIP 제어번호: CIP2019004512)

교육문화출판미디어그룹 학 지사
심리검사연구소 인싸이트 www.inpsyt.co.kr
원격교육연수원 카운피아 www.counpia.com
학술논문서비스 뉴논문 www.newnonmun.com
간호보건의학출판 학지사메디컬 www.hakjisamd.co.kr